PATRIMÔNIO

PATRIMONIO

PHILIP ROTH

PATRIMÔNIO
Uma história real

Tradução
Jorio Dauster

Copyright © 1991 by Philip Roth
Todos os direitos reservados
1ª edição brasileira: São Paulo, Siciliano, 1991

*Grafia atualizada segundo o Acordo Ortográfico da Língua Portuguesa de 1990,
que entrou em vigor no Brasil em 2009.*

Título original
Patrimony — A True Story

Capa
Jeff Fisher

Preparação
Ciça Caropreso

Revisão
Renato Potenza Rodrigues
Érica Borges Correa

Dados Internacionais de Catalogação na Publicação (CIP)
(Câmara Brasileira do Livro, SP, Brasil)

Roth, Philip
  Patrimônio : uma história real / Philip Roth ; tradução Jorio
Dauster. — 1ª ed. — São Paulo : Companhia de Bolso, 2017.

  Título original: Patrimony: A True Story.
  ISBN 978-85-359-2695-8

  1. Família Roth 2. Pais — Estados Unidos — Biografia
3. Roth, Philip — Século 20 — Família I. Título.

17-07306	CDD-813.54

Índice para catálogo sistemático:
1. Philip Roth : Relato biográfico 813.54

2017

Todos os direitos desta edição reservados à
EDITORA SCHWARCZ S.A.
Rua Bandeira Paulista, 702, cj. 32
04532-002 — São Paulo — SP
Telefone: (11) 3707-3500
www.companhiadasletras.com.br
www.blogdacompanhia.com.br

*Para a nossa família,
os vivos e os mortos*

1. MUITO BEM, O QUE VOCÊ ACHA?

MEU PAI HAVIA PERDIDO A MAIOR PARTE DA VISÃO no olho direito ao chegar aos oitenta e seis anos, mas, fora isso, parecia gozar de uma saúde excepcional para um homem de sua idade, quando um médico da Flórida diagnosticou, erroneamente, que ele sofria da paralisia de Bell, uma infecção virótica que causa um torpor, em geral temporário, num dos lados da face.

A paralisia se manifestou, de forma súbita, um dia após ele ter voado de Nova Jersey para West Palm Beach a fim de passar os meses de inverno num apartamento cujo aluguel ele dividia com uma contadora aposentada de setenta anos, Lillian Beloff, que morava no andar acima do dele em Elizabeth e com quem se envolvera romanticamente um ano depois da morte de minha mãe, em 1981. No aeroporto de West Palm, ele havia se sentido tão bem que nem se preocupou em pedir a ajuda de um carregador (ao qual, além do mais, seria obrigado a dar uma gorjeta), levando ele mesmo as malas da área de entrega de bagagens até a fila de táxi. E então, na manhã seguinte, viu no espelho do banheiro que metade de seu rosto já não lhe pertencia. O que na véspera se assemelhava a ele exibia agora as feições de um estranho — a pálpebra inferior do olho ruim cedera, revelando a parte interna; a bochecha daquele lado ficara frouxa, sem vida, como se o osso que a sustentava houvesse sido removido, enquanto os lábios não eram mais retos, passando a formar uma linha diagonal no meio do rosto.

Com a mão, ele empurrou a bochecha direita, pondo-a de volta onde estivera na noite anterior e mantendo-a ali enquanto contava até dez. Fez isso várias vezes naquela manhã — e nos dias que se seguiram —, porém, ao largar a bochecha, ela voltava a desabar. Tentou se convencer de que deitara do lado errado na cama, de que a pele havia simplesmente amassado durante o sono, mas achava mesmo é que tinha tido um derrame. Seu pai ficara inutilizado após sofrer um acidente vascular no início da década de 1940 e, quando ele próprio envelheceu, me disse muitas vezes: "Não quero ir como ele foi. Não quero ficar jogado numa cama daquele jeito. Esse é o meu maior medo". Contou-me que costumava ver o pai no hospital bem cedo pela manhã, a caminho do escritório no centro da cidade, e ao voltar para casa à tarde. Duas vezes ao dia, acendia cigarros e os colocava na boca do pai e na segunda visita sentava-se ao lado da cama e lia para ele as notícias do jornal em iídiche. Imobilizado e impotente, contando apenas com os cigarros para confortá--lo, Sender Roth durou ainda quase um ano, e, até que um segundo derrame o liquidasse numa noite em 1942, meu pai, duas vezes ao dia, sentava-se ao lado dele e o observava morrer.

O médico que disse a meu pai que ele sofria da paralisia de Bell assegurou que em pouco tempo a maior parte do torpor facial, senão todo ele, iria desaparecer. E, nos dias seguintes, esse prognóstico foi confirmado por três vizinhos no vasto condomínio onde ele alugara o apartamento, os quais haviam tido o mesmo problema e se recuperado. Um deles precisou esperar quase quatro meses, porém certo dia a paralisia tinha sumido tão misteriosamente como surgira.

A dele não desapareceu.

Logo ele perdeu a audição no ouvido direito. O médico da Flórida examinou o ouvido e mediu a perda auditiva, dizendo--lhe que aquilo nada tinha a ver com a paralisia de Bell. Era apenas algo que acontecia com a idade — ele provavelmente vinha perdendo a audição no ouvido direito de forma tão gradual quanto perdera a visão no olho direito, embora só então houvesse reparado naquilo. Na consulta, quando papai perguntou quanto tempo ainda teria de esperar até a paralisia de Bell desaparecer, o médico disse que, em casos como o dele, em que ela se prolongava tanto, às vezes nunca desaparecia. De acordo com o médico, ele devia se dar por muito satisfeito: a não ser por um olho cego, um ouvido surdo e uma metade de rosto paralisado, ele era tão saudável quanto um homem vinte anos mais moço.

Quando eu lhe telefonava aos domingos, ficava claro que, devido à queda da boca, ele pronunciava mal as palavras, tornando-se difícil entender o que dizia: às vezes soava como alguém que acabara de sair da cadeira do dentista ainda sob os efeitos da novocaína. Quando tomei um avião para visitá-lo na Flórida, fiquei surpreso ao ver que ele talvez não fosse capaz de falar mais nada.

"Muito bem", ele disse no vestíbulo do meu hotel, onde eu me encontrara com ele e Lil para jantarmos, "o que você acha?" Essas foram suas primeiras palavras, enquanto eu ainda me abaixava para beijá-lo. Ele estava afundado ao lado de Lil num sofá de dois lugares com forro alcatifado, mas me encarava para que eu pudesse ver o que tinha acontecido. No último ano, passara a usar de vez em quando uma venda preta para evitar que a luz e o vento irritassem seu olho cego, e essa venda, somada à bochecha e à boca caídas, bem como ao fato de haver emagrecido um bocado, o havia transformado horrivelmente: em cinco semanas, desde que o vira pela última vez em Elizabeth, ele se tornara um velho alquebrado. Difícil acreditar que somente uns seis anos antes, no inverno seguinte à morte de mamãe, quando dividia o apartamento de Bal Harbour com seu velho amigo Bill Weber, ele não encontrara dificuldade em convencer as viúvas ricas do prédio (as quais tinham se interessado imediatamente pelo gregário senhor recém-enviuvado que usava um paletó novo riscado de azul e branco e calças pastel) que acabara de fazer setenta anos, embora toda a família houvesse se reunido no verão anterior em minha casa de Connecticut para comemorar seus oitenta anos.

Durante o jantar no hotel, comecei a entender como a paralisia de Bell impunha limites que iam além dos efeitos sobre suas feições. Ele agora só conseguia beber usando um canudinho, pois de outra forma o líquido escorria pela metade paralisada de sua boca. E comer exigia um esforço grande a cada mordida, acompanhada de muita frustração e vergonha.

Após manchar a gravata com sopa, ele aceitou com relutância que Lil lhe amarrasse um guardanapo em volta do pescoço, já tendo outro no colo para proteger as calças tanto quanto possível. Às vezes Lil usava seu próprio guardanapo para remover, contra a vontade dele, um pedaço de comida que caíra da boca e ficara grudado no queixo sem que papai notasse. Frequentemente, ela o lembrava de pôr menos comida no garfo e tentar mastigar um volume menor do que estava acostumado. "Está bem", ele murmurava, olhando desconsolado para o prato, "está bem, já entendi", e depois de duas ou três garfadas se esquecia disso. Comer se transformara numa provação deprimente, por isso ele tinha perdido tanto peso e parecia pateticamente subnutrido.

O que tornava tudo ainda mais difícil é que a catarata em ambos os olhos havia avançado nos últimos meses, fazendo com que até mesmo a visão no olho bom ficasse embaçada. Durante vários anos, meu oftalmologista em Nova York, David Krohn, vinha monitorando a evolução das cataratas de papai e sua perda gradual de visão; quando, em março, ele voltou de sua estada infeliz na Flórida, foi a Nova York pedir a David que removesse a catarata do olho bom. Incapaz de fazer qualquer coisa acerca da paralisia de Bell, estava especialmente ansioso para que alguma providência fosse tomada a fim de lhe devolver a visão. No entanto, ao final da tarde seguinte à consulta, David me telefonou para dizer que relutava em operar o olho do meu pai antes que exames complementares determinassem a causa da paralisia facial e da perda de audição. Ele não estava convencido de que se tratava da paralisia de Bell.

E tinha razão de não estar. Harold Wasserman, o médico de meu pai em Nova Jersey, providenciou ali mesmo a ressonância magnética solicitada por David e, ao receber os resultados do laboratório, me chamou no começo da tarde para transmitir o diagnóstico. Papai tinha um tumor cerebral, segundo ele "um tumor bem grande"; conquanto as imagens da ressonância não permitissem a distinção entre um tumor benigno ou maligno, Harold disse que "de toda forma, esses tumores são fatais". O próximo passo consistia em consultar um neurocirurgião para precisar de que tipo de tumor se tratava e o que caberia fazer, se é que havia algo a ser feito. "Não estou otimista", disse Harold, "e acho que você também não deve ficar."

Consegui levar papai ao neurocirurgião sem lhe contar o que a ressonância magnética já revelara. Menti, dizendo que os exames não haviam mostrado nada, mas que David, por excesso de zelo, queria obter uma última opinião sobre a paralisia facial antes de remover a catarata. Nesse meio-tempo, mandei que as imagens do exame de ressonância fossem entregues no hotel Essex House, em Nova York. Claire Bloom e eu estávamos morando lá provisoriamente, enquanto procurávamos um apartamento — planejávamos encontrar um lugar em Manhattan depois de passarmos dez anos dividindo nossa vida entre a casa dela em Londres e a minha em Connecticut.

Na verdade, mais ou menos uma semana antes que as imagens do cérebro de papai e o relatório do radiologista houvessem chegado ao hotel num enorme envelope, Claire tinha voltado a Londres para ver a filha e acompanhar as reformas em sua casa, além de se encontrar com o contador que a auxiliava numa arrastada negociação com as autoridades fiscais inglesas. Como ela vinha sentindo uma falta imensa de Londres, a visita de um mês tinha por objetivo permitir não apenas que ela cuidasse dessas questões práticas, mas também que matasse as saudades da cidade. Suponho que se o tumor houvesse sido descoberto mais cedo, quando Claire se encontrava comigo, a preocupação com papai não teria sido tão extraordinariamente intensa, e — pelo menos à noite — eu não teria ficado tão deprimido com a doença dele quanto fiquei por estar sozinho. No entanto, mesmo naquela época me pareceu que a ausência de Claire — bem como o fato de que eu, por estar num hotel e me sentir desenraizado, não conseguia escrever — era uma circunstância auspiciosa: sem nenhuma outra responsabilidade, eu podia me dedicar a ele por inteiro.

Estar sozinho também me possibilitava expressar toda a emoção que eu sentia sem necessidade de assumir uma postura máscula, madura ou filosófica. A sós, eu chorava quando me dava vontade de chorar, e nunca essa vontade foi tão grande como quando tirei do envelope a série de imagens do cérebro dele — não porque eu fosse capaz de identificar com facilidade o tumor que lhe invadia o cérebro, mas simplesmente porque se tratava do cérebro *dele*, do cérebro do meu pai, daquilo que o fazia pensar da forma curta e grossa com que pensava, falar da forma enfática com que falava, raciocinar da forma emotiva com que raciocinava, decidir da forma impulsiva com que decidia. Aquele era o tecido que produzira seu conjunto de infindáveis preocupações e por mais de oito décadas sustentara sua teimosa autodisciplina, a fonte de tudo que me havia frustrado tanto como filho adolescente, a coisa que comandara nossos destinos nos tempos em que ele era todo-poderoso e ditava os propósitos da família — tudo isso agora estava sendo comprimido, deslocado e destruído devido a "uma grande massa localizada predominantemente na região dos ângulos cerebelopontinos e das cisternas prepontinas. Há uma extensão da massa na direção do sino cavernoso direito cingindo a carótida..." Eu não sabia onde encontrar os ângulos cerebelopontinos ou as cisternas prepontinas, mas tomar conhecimento, no laudo do radiologista, de que a artéria carótida estava circundada pelo tumor foi como ler sua sentença de morte. "Há também uma destruição aparente do ápice petroso direito. Verifica-se um deslocamento substancial posterior e a compressão da ponte e do pedúnculo cerebelar direito por essa massa..."

Como eu estava sozinho e nada me inibia, não fiz o menor esforço para me defender de coisa alguma enquanto as imagens de seu cérebro, fotografado de todos os ângulos, se espalhavam pela cama do hotel. Talvez o impacto não tivesse sido tão forte quanto se eu estivesse segurando aquele cérebro em minhas mãos, porém foi bem parecido. A vontade de Deus um dia irrompera numa sarça ardente e, de modo não menos milagroso, a vontade de Herman Roth fora gerada ao longo de todos aqueles anos pelo órgão bulboso que eu tinha diante de mim. Eu havia visto o cérebro de meu pai, tudo e nada fora revelado. Um mistério muito, muito próximo do divino: o cérebro, mesmo que de um mero corretor de seguros aposentado que havia completado apenas o curso primário na escola da Décima Terceira Avenida em Newark.

Meu sobrinho Seth levou papai até Millburn para ver o neurocirurgião, o dr. Meyerson, no consultório que mantinha no subúrbio. Eu arranjara para que ele fosse atendido lá, e não no Hospital Universitário de Nova Jersey, imaginando que a mera localização do consultório do médico no hospital, que me disseram ficava na ala oncológica, o alertaria para o fato de estar com câncer, quando tal diagnóstico não havia sido feito e ele ainda nem sabia que tinha um tumor. Dessa forma, não ficaria apavorado, ao menos por algum tempo.

Quando, depois, conversei com o dr. Meyerson pelo telefone, ele me disse que um tumor como o de papai, localizado na frente do tronco cerebral, era benigno em cerca de noventa e cinco por cento dos casos. Segundo Meyerson, possivelmente o tumor vinha crescendo ao longo dos últimos dez anos, mas o surgimento recente da paralisia facial e a surdez no ouvido direito sugeriam que "num prazo relativamente curto", como ele disse, "a coisa vai piorar". Contudo, ainda era possível removê-lo cirurgicamente. Explicou que setenta e cinco por cento dos pacientes operados sobreviviam e acusavam melhora, dez por cento morriam na mesa de cirurgia e outros quinze por cento morriam pouco após a intervenção ou ficavam em situação pior.

"Se ele sobreviver", perguntei, "como será a convalescença?"

"Difícil. Vai ficar numa clínica para convalescentes durante um mês — talvez dois ou três meses."

"Quer dizer, um inferno."

"É duro", ele disse, "mas se nada for feito pode ser pior."

Como eu não queria lhe transmitir as notícias de Meyerson por telefone, na manhã seguinte, quando liguei para papai por volta das nove da manhã, disse que iria visitá-lo em Elizabeth.

"Então é ruim mesmo", ele disse.

"Vou até aí e conversamos sobre isso."

"Eu estou com câncer?", ele me perguntou.

"Não, não está."

"Então é o quê?"

"Tenha paciência por mais uma hora e, quando eu chegar aí, explico qual é exatamente a situação."

"Quero saber agora."

"É só mais uma hora, menos de uma hora", insisti, convencido de que era melhor para ele esperar, por mais assustado que estivesse, do que eu contar sem rodeios pelo telefone e deixá-lo sozinho, em estado de choque, até minha chegada.

Dada a tarefa que me cabia cumprir, não é de estranhar que, ao sair da autoestrada em Elizabeth, eu tenha perdido a entrada que me levaria à North Avenue e diretamente ao prédio de apartamentos de meu pai a alguns quarteirões de distância. Em vez disso, fui parar numa estrada de Nova Jersey que, uns três quilômetros adiante, ladeava o cemitério onde minha mãe fora enterrada sete anos antes. Não imaginei que houvesse nada de místico no fato de eu ter ido parar lá, mas, de qualquer modo, era incrível ver até onde me levara uma viagem de carro de vinte minutos iniciada em Manhattan.

Eu só tinha ido a esse cemitério duas vezes: a primeira, no dia do funeral de mamãe, em 1981, e a segunda quando levei papai para visitar o túmulo dela um ano depois. Em ambas as ocasiões, por ter saído de Elizabeth e não de Manhattan, eu nem sabia que era possível chegar ao cemitério pela autoestrada. Se eu estivesse querendo ir de carro ao cemitério naquele dia, muito provavelmente teria me perdido no emaranhado de saídas para o aeroporto de Newark, o porto de Newark, o porto de Elizabeth e para o retorno ao centro de Newark. Apesar de eu não estar consciente nem inconscientemente procurando o cemitério na manhã em que teria de falar com papai sobre o tumor cerebral que o mataria, eu havia percorrido o trajeto mais curto entre meu hotel em Manhattan e a sepultura de minha mãe, ao lado da qual ele seria enterrado.

Não queria deixá-lo aguardando por mais tempo do que

seria absolutamente necessário, porém, ao chegar lá, fui incapaz de seguir em frente como se nada fora do comum houvesse acontecido. Não esperava aprender nada de novo ao descer do carro e me postar diante da sepultura de mamãe naquela manhã; não esperava ser reconfortado ou fortalecido pela lembrança dela, ou de algum modo me preparar melhor para ajudar papai em seu sofrimento; nem imaginava que me sentiria fragilizado ao ver o espaço para a sepultura dele ao lado da dela. O acaso de eu ter enveredado por uma saída errada me levara até lá, e tudo que fiz ao descer do carro e procurar sua sepultura no cemitério foi dobrar-me a uma força imperativa. Minha mãe e os outros defuntos haviam sido levados para lá pela força imperativa do que, no final das contas, era um acidente ainda mais improvável — o fato de um dia terem vivido.

Quando se visita uma sepultura, todo mundo tem pensamentos mais ou menos iguais, que, abstraída a questão da eloquência, não diferem muito daqueles que Hamlet expressou ao contemplar o crânio de Yorick. Há muito pouco para se pensar ou dizer que não seja uma variante de "Ele me carregou nos ombros mil vezes". Num cemitério, a gente costuma se dar conta de como são limitados e banais nossos pensamentos sobre o assunto. Ah, pode-se tentar conversar com o morto, caso você acredite que isso possa ser útil; pode-se começar, como fiz naquela manhã, dizendo: "Muito bem, mamãe...", porém é difícil não pensar — mesmo que se tenha ido além da primeira frase — que você poderia, do mesmo modo, estar conversando com a coluna vertebral pendurada no consultório de algum osteopata. Você pode fazer promessas a eles, pô-los a par das últimas notícias, implorar que o compreendam, que o desculpem ou que lhe deem seu amor — ou pode optar por uma abordagem oposta, mais efetiva, arrancando as ervas daninhas, ajeitando os cascalhos, passando o dedo pelas letras gravadas na lápide; pode até se abaixar e pôr as mãos diretamente sobre os vestígios deles — tocando a terra, a terra *deles*, pode fechar os olhos e recordar-se de como eram quando ainda estavam a seu lado. Mas nada se modifica com tais recordações, exceto que os mortos parecem ainda mais distantes e fora do alcance do que estavam quando você dirigia o carro dez minutos antes. Se não há ninguém no cemitério para observá-lo, você pode fazer algumas coisas bem doidas a fim de conseguir que os mortos pareçam algo mais do que são. Mas, mesmo que você tenha êxito e se motive suficientemente para *sentir a presença deles*, ainda assim irá embora sem eles. O que os cemitérios provam, ao menos para gente como eu, não é que os mortos estão presentes, mas que se foram de vez. Eles se foram, enquanto nós, por enquanto, não fomos. Isso é fundamental e, embora inaceitável, bem fácil de compreender.

2. MAMÃE, MAMÃE, ONDE VOCÊ ESTÁ, MAMÃE?

A APOSENTADORIA QUE MEU PAI RECEBIA da Metropolitan Life era mais do que suficiente para lhe permitir viver modestamente, como parecia natural e satisfatório para quem, nascido à beira da pobreza, havia mourejado durante quase quarenta anos a fim de garantir para a família condições seguras (embora simples) e não tinha o menor interesse pelo consumo ostensivo, pelo exibicionismo ou pelo luxo. Além da aposentadoria que vinha recebendo havia vinte e três anos, contava com a pensão pública e com os juros dos investimentos feitos ao longo do tempo — uns oitenta mil dólares em contas de poupança, certificados de depósito e bônus municipais. No entanto, malgrado sua sólida situação financeira, depois de velho papai se tornara desagradavelmente sovina quando se tratava de gastar qualquer coisa consigo. Conquanto não hesitasse em dar presentes generosos aos dois netos sempre que precisavam de dinheiro, economizava somas ridículas que poderia usar para comprar as coisas de que gostava ou necessitava.

Entre as economias mais aflitivas estava a recusa em comprar o *New York Times*. Ele idolatrava esse jornal e adorava passar as manhãs lendo-o de cabo a rabo, mas agora, em vez de adquirir seu exemplar, esperava o dia inteiro até recebê-lo de algum morador do prédio que tivesse sido suficientemente irresponsável para abrir mão de trinta e cinco centavos. Da mesma forma, parara de comprar o *Star-Ledger*, um diário que custava quinze centavos e que, juntamente com o já falido *Newark News*, ele costumava ler desde que eu era criança, quando se chamava *Newark Star-Eagle*. Recusava-se também a manter, semanalmente, a empregada que havia ajudado minha mãe na arrumação do apartamento e na lavagem das roupas. A mulher agora só vinha uma vez por mês, cabendo a ele limpar o apartamento nos outros dias. "O que mais tenho para fazer?", ele perguntava. No entanto, como estava praticamente cego de um olho e tinha uma catarata em evolução no outro, além de não ser mais tão ágil quanto gostava de imaginar, por mais que se esforçasse o resultado era horrível: o banheiro fedia, os carpetes viviam sujos e poucos utensílios na cozinha passariam pela inspeção de um fiscal da vigilância sanitária que não houvesse sido subornado.

Tratava-se de um apartamento bastante comum de três quartos, decentemente mobiliado e decorado sem toques geniais, mas também sem mau gosto. O carpete da sala de visitas era de um verde-abacate simpático e quase todos os móveis eram cópias de coisas antigas. Nas paredes, havia duas grandes reproduções de paisagens de Gauguin (escolhidas uns quarenta anos antes por meu irmão, estudante de arte) com molduras de losna, além de um retrato expressionista que ele pintara de papai pouco depois de ele fazer setenta anos. Plantas verdejantes perfilavam-se no lado sul, junto a janelas que davam para uma tranquila e bem arborizada rua residencial; viam-se fotografias em todos os quartos — de filhos, netos, noras, sobrinhos, sobrinhas —, e eram de minha autoria ou sobre temas judaicos os poucos livros nas estantes da sala de jantar. Com exceção dos abajures (algo espalhafatosos e surpreendentemente pouco característicos dos decorosos e contidos padrões estéticos de mamãe), era um apartamento caloroso e acolhedor, cuja aparência imaculada — pelo menos enquanto ela viveu — contrastava de certa forma com o vestíbulo e os corredores deprimentes do prédio construído trinta anos antes, os quais não tinham nenhuma decoração e apresentavam sinais de abandono.

Quando ia ver papai depois que ele passou a viver sozinho, às vezes, após usar a privada, eu lavava a pia, a saboneteira e o copo onde ficava a escova de dentes antes de voltar a me sentar a seu lado na sala de visitas. Ele fazia questão de lavar as cuecas e as meias no banheiro em vez de se desfazer de algumas moedas de vinte e cinco centavos e usar as máquinas de lavar e secar no porão do prédio; por isso eu sempre me deparava com suas roupas de baixo, cinzentas e disformes, penduradas em cabides de arame no trilho da cortina do chuveiro e nos porta-toalhas. Embora se orgulhasse de andar bem-vestido e sempre tivesse gostado de usar um paletó esporte de bom corte ou um terno com colete da Hickey-Freeman (sobretudo quando o havia comprado numa liquidação de fim de estação), ele ultimamente tratava com desleixo o que não era visível para os outros. Seus pijamas e lenços, assim como as roupas de baixo e as meias, davam a impressão de não terem sido substituídos desde a morte de mamãe.

Ao chegar ao apartamento dele naquela manhã — após a visita não programada à sepultura de minha mãe —, rapidamente pedi desculpas e fui para o banheiro. Eu já havia perdido a saída certa e agora, no banheiro, me demorava mais alguns minutos tentando repassar pela última vez a melhor maneira de lhe contar sobre o tumor. De pé diante do vaso, suas cuecas me cercavam de todos os lados como farrapos pendurados por algum fazendeiro para espantar os pássaros. Nas prateleiras acima do vaso havia um bom número de vidros de remédios, bem como pastilhas para limpar dentaduras, vaselina, analgésicos, caixas de lenços de papel, cotonetes e algodão. Em meio a tudo isso, avistei a tigela de barbear que fora de meu avô e dentro da qual papai guardava o aparelho de gilete e um tubo de creme. A tigela era de porcelana azul-clara; na frente, um delicado desenho floral emoldurava o espaço em branco onde o nome "S. Roth" e o ano "1912" haviam sido gravados com caracteres góticos dourados, agora quase apagados. Tanto quanto eu sabia, não possuíamos outros legados de família e, com exceção de um punhado de fotos antigas, aquela era a única coisa tangível que alguém tratou de preservar dos primeiros anos como imigrantes em Newark. Sentira-me atraído pelo objeto desde que, tendo vovô morrido um mês antes de eu completar sete anos, a tigela foi parar em nosso banheiro de Newark, quando papai ainda usava pincel e sabão para se barbear.

Sender Roth havia sido uma presença remota e misteriosa para mim quando garoto, um homem alto e de cabeça pequena (o ascendente cujo esqueleto mais se parecia com o meu) do qual eu sabia apenas que fumava sem parar, só falava iídiche e não era muito dado a fazer afagos nos netos americanos quando aparecíamos com nossos pais nos domingos. Após sua morte, a tigela de barbear em nosso banheiro o tornou uma figura muito mais viva para mim, não como avô, mas, o que então era bem interessante, como um homem comum entre outros homens comuns, o freguês de uma barbearia onde sua tigela era mantida numa prateleira junto com as de outros imigrantes das vizinhanças. Como criança, eu me sentia seguro em saber que, naquela casa onde (segundo a voz corrente) não havia um centavo de sobra, toda semana ele podia dispor de dez centavos para ir à barbearia a fim de se preparar para o sábado, dia de descanso dos judeus.

Meu avô Roth estudara para ser rabino na Galícia polonesa, numa pequena cidade próxima a Lemberg, mas quando chegou sozinho à América em 1897, sem a mulher e os três filhos (meus tios Charlie, Morris e Ed), arranjou emprego numa fábrica de chapéus com o objetivo de ganhar o dinheiro necessário para trazer a família, lá trabalhando a maior parte de sua vida. Sete crianças nasceram entre 1890 e 1914: seis homens e uma mulher, e todos, com exceção dos dois últimos filhos e da filha única, abandonaram os estudos após o curso primário, para trabalharem e ajudarem a sustentar a casa. A tigela de barbear com a inscrição "S. Roth" deve ter servido para libertar meu avô — ao menos por algum tempo, quando nada durante aqueles poucos minutos em que se sentava serenamente na cadeira do barbeiro no final das tardes de sexta-feira — das severas exigências que o manietavam e que, eu assim imaginava, explicavam sua natureza austera e pouco comunicativa. A tigela irradiava uma aura de achado arqueológico, de um artefato que demonstrava um inesperado grau de refinamento cultural, algo chocantemente supérfluo numa existência rígida e penosa. Em nosso modesto banheirinho de Newark, ela exercia sobre mim o impacto de um vaso grego com pinturas das origens míticas da raça humana.

Em 1988, o que me surpreendeu foi papai já não ter jogado fora a tigela ou dado a alguém. Ao longo dos anos, sempre que pôde ele foi se desfazendo de quase todas as "inutilidades" que poderiam ter algum valor sentimental para um de nós. Embora esses surtos de generosidade correspondessem em geral a motivações admiráveis, às vezes revelavam falta de sensibilidade para com os direitos de propriedade dos outros. Era tão grande sua ânsia de satisfazer a necessidade (real ou imaginária) do beneficiário, que ele nem sempre refletia sobre o efeito de sua impulsividade no doador desavisado.

Por exemplo, minha coleção de selos em dois álbuns, em parte inspirada no filatelista mais famoso do país, Franklin Delano Roosevelt. Montada com grande afinco nos últimos anos do ginásio e tendo à época absorvido praticamente todos os meus parcos recursos financeiros, ele a deu de presente a um sobrinho-neto no ano em que entrei na universidade. Só soube disso dez anos depois, quando pensei em utilizar numa peça de ficção minhas descobertas como jovem colecionador de selos e fui buscar os álbuns no sótão da casa de meus pais em Moorestown. Depois de procurar demoradamente nas caixas que eu havia guardado lá, minha mãe — com grande relutância e só quando ficamos a sós — explicou como os álbuns haviam desaparecido. Jurou que havia tentado dissuadi-lo, dizendo que meus selos não lhe pertenciam para que ele pudesse dá-los de presente, porém meu pai não se importou. Disse que eu já era adulto, que estava na universidade e não "usava" mais os selos, enquanto Chickie, o sobrinho-neto, podia levá-los para a escola, *et cetera* e tal. Eu bem que poderia ter tentado saber se alguma parte da coleção ainda existia se entrasse em contato com Chickie — praticamente um estranho e, àquela altura, um homem já casado —, porém decidi deixar tudo de lado. Fiquei tremendamente irritado ao saber o que ele havia feito — e, lembrando o quanto de minha infância eu havia dedicado àquela coleção, genuinamente ferido —, mas já se passara muito tempo e, como na época eu tinha problemas mais difíceis para resolver (estava em meio a uma separação litigiosa), não lhe disse nada.

Mesmo que eu quisesse dizer alguma coisa, não teria sido mais fácil para mim criticá-lo aos vinte e oito anos do que tinha sido com dezoito ou oito anos, uma vez que suas ações mais descaradamente impulsivas resultavam sempre do desejo espontâneo de apoiar, ajudar, salvar ou proteger e eram deflagradas pela convicção de que o que ele estava fazendo — dando meus selos, por exemplo — era um ato generoso, útil e eficaz do ponto de vista moral ou educativo.

Creio que outro motivo o impelia — alguma coisa mais difícil de avaliar e identificar — quando voltamos do enterro de mamãe em maio de 1981 e, enquanto o apartamento se enchia de familiares e amigos, ele desapareceu no quarto de dormir para pegar as roupas dela no armário e esvaziar suas gavetas. Como eu ainda me encontrava na porta junto com meu irmão, recebendo as pessoas que haviam nos acompanhado ao cemitério, não teria sabido o que papai estava fazendo se a irmã de mamãe, Millie, não tivesse saído do quarto para pedir ajuda. "Meu querido, é melhor você ir lá fazer alguma coisa", ela sussurrou no meu ouvido, "seu pai está jogando tudo fora."

Nem o fato de eu abrir a porta, entrar no quarto e dizer com firmeza: "Papai, o que é que você está fazendo?" surtiu o menor efeito sobre ele. Com a cama já coberta de vestidos, casacos, saias e blusas retiradas do armário, ele agora estava empenhado em jogar num saco plástico de lixo as coisas guardadas no canto da gaveta mais baixa da cômoda. Pousei a mão em seu ombro e apertei com força. "As pessoas estão aqui por sua causa", eu disse, "querem ver você, falar com você..." "Para que servem agora todas essas coisas? Não adianta nada ter isso pendurado aqui. Pode ir tudo para o serviço de caridade judaico, está novinho em folha..." "Pare, por favor, pare agora mesmo. Vamos ter muito tempo para fazer isso depois. Mais tarde fazemos isso juntos. Pare de jogar as coisas fora. Controle-se. Vá para a sala de visitas, onde precisam de você."

Mas ele *estava* controlado. Não parecia atordoado ou em meio a um ataque histérico — simplesmente estava fazendo o que fizera a vida inteira: a próxima tarefa difícil. Meia hora antes havíamos enterrado o corpo dela; agora cumpria desfazer-se de suas coisas.

Levei-o para fora do quarto e, ao se ver cercado pelos visitantes que tinham vindo trazer seus pêsames, ele imediatamente começou a falar com desenvoltura, dizendo a todos que estava bem. Voltei ao quarto para tirar do saco de lixo todos os mementos que ele se preparava para jogar fora e que mamãe havia juntado cuidadosamente ao longo dos anos — entre os quais, num pequeno envelope marrom, a chave da minha fraternidade na universidade que ela sempre desejara ter, uma coleção de programas sobre a preparação das famílias para a cerimônia de formatura, cartões de aniversário enviados por meu irmão e por mim, um punhado de telegramas com boas notícias, recortes de jornal mandados por amigos sobre mim e meus livros, fotografias particularmente valiosas de seus dois netos quando garotinhos. Eram coisas a que papai não podia atribuir nenhuma utilidade agora que a pessoa que as havia entesourado com tamanho carinho se fora, recordações sentimentais de alguém cujas emoções tinham sido apagadas para sempre duas noites antes num restaurante de frutos do mar onde, como de costume, haviam ido jantar com amigos no domingo. Minha mãe acabara de ser servida do ensopado de mariscos, um de seus pratos prediletos. Para a surpresa de todos, ela anunciou: "Não quero essa sopa". E foram essas suas últimas palavras — um segundo depois estava morta, fulminada por uma trombose coronariana aguda.

Foi o primitivismo de papai que me chocou. Ali, sozinho, esvaziando as gavetas e armários de mamãe, ele parecia estar sendo tangido por algum instinto que seria natural num animal selvagem ou num indígena, mas que ia de encontro a todo e qualquer ritual de luto criado pelas sociedades civilizadas a fim de mitigar o senso de perda dos que sobrevivem à morte de uma pessoa amada. No entanto, havia também algo quase admirável naquela determinação cruelmente realista de reconhecer, sem nenhuma hesitação, que ele era agora um velho condenado a viver só e que as relíquias simbólicas jamais substituiriam aquela que fora de fato sua companheira durante cinquenta e cinco anos. Entendi que não era por ter medo das coisas dela ou de seu poder fantasmagórico que papai queria enterrá-las também, livrando o apartamento de tudo aquilo o quanto antes, mas porque se recusava a evitar o mais brutal de todos os fatos.

Ao que me constava, nunca em toda a sua vida papai tentara evitar o impacto de um golpe doloroso, porém eu soube depois que, na noite em que mamãe morreu, ele fugiu do corpo dela. Isso aconteceu não no restaurante, onde de fato ela morreu, e sim no hospital, onde foi declarada morta depois que os enfermeiros tentaram em vão ressuscitá-la na ambulância a caminho do pronto-socorro. No hospital, a maca foi empurrada para um cubículo e, ao entrar para vê-la, papai — que havia seguido a ambulância em seu carro — não conseguiu suportar o que viu e saiu correndo. Passaram-se muitos meses até ele poder falar disso com alguém; e, quando falou, não foi comigo ou meu irmão, mas com Claire, que, como mulher, podia lhe conceder a absolvição feminina de que necessitava para começar a se libertar da vergonha.

Embora papai não fosse capaz de explicar por que fugira daquele jeito, imaginei que isso podia ter algo a ver com o reconhecimento de talvez haver contribuído para o ataque cardíaco de mamãe ao forçá-la a andar demais naquela tarde. Ela vinha sofrendo havia algum tempo de uma severa falta de ar e, sem que eu soubesse, de angina; no inverno anterior, tivera também longos episódios de dores artríticas que a haviam deprimido muito. Naqueles meses, tinha sido uma grande dificuldade simplesmente se sentar com conforto numa cadeira, mas ela resolveu aproveitar o belo dia de maio em que morreu para tomar um pouco de ar fresco e fazer exercício. Por isso, os dois caminharam até a farmácia, que ficava a três longos quarteirões de distância, e, diante da insistência de papai de que isso faria bem a ela, voltaram para casa também a pé. Segundo minha tia Millie — com quem mamãe conversou ao telefone antes de sair à noite —, ela já estava exausta ao chegar à farmácia. "Não achei que eu conseguisse voltar", contou à minha tia. Porém, em vez de tomarem um táxi ou esperarem um ônibus, descansaram um pouco num banco que havia ali perto até ele fazer com que ela se levantasse para iniciarem a caminhada de volta. "Você conhece o seu pai", minha tia comentou. "Disse que ela era capaz de aguentar." Mamãe havia passado o resto da tarde deitada, tentando recuperar as forças antes de irem jantar.

Por acaso, mais ou menos uma hora antes de eles saírem para a caminhada, fiz meu telefonema costumeiro da Inglaterra e disse a ela, brincando, que esperava fazer um passeio de três quilômetros com ela pela estradinha de campo perto de casa, quando os dois fossem me visitar no verão. Ela respondeu: "Não sei se vão ser três quilômetros, meu querido. Mas vou tentar". Soou alegre e confiante pela primeira vez em muitos meses, e quem sabe saiu naquela tarde com a esperança de se preparar para o passeio no verão.

Quando voltei aos Estados Unidos no dia seguinte e tomei um táxi que me levou direto do aeroporto Kennedy para Elizabeth, as primeiras palavras de meu pai foram: "Ela não vai mais fazer aquele passeio, Phil". Estava sentado na poltrona de mamãe, o corpo decrépito, o rosto sem vida, como se houvesse levado uma surra. Pensei (não sem razão, como soube depois): "É assim que o verei quando *ele* morrer". Meu irmão, Sandy, e sua mulher, Helen, tinham vindo um pouco mais cedo de Chicago e estavam no apartamento quando cheguei. Sandy já fora à agência funerária e acertara o enterro para o dia seguinte. Antes que ele fosse, papai tinha falado ao telefone com o já idoso dono da agência, colega de mamãe no Ginásio Battin de Elizabeth no final da Primeira Grande Guerra. Em prantos, papai lhe disse: "Cuide do corpo dela, cuide bem dele, Higgins", e continuou chorando pelo resto do dia na poltrona onde mamãe se esticava após a ceia para tentar aliviar as dores da artrite enquanto os dois viam o noticiário. "Ela pediu ensopado de mariscos da Nova Inglaterra", contou quando me ajoelhei a seu lado, ainda vestido com o sobretudo e segurando sua mão, "e eu pedi um caldo de legumes. Na hora que chegou, ela disse: 'Não quero essa sopa'. Eu disse: 'Pega a minha, vamos trocar'. Mas ela tinha partido. Simplesmente se inclinou para a frente. Nem caiu. Não criou o menor problema para ninguém. Do jeito que ela sempre fez tudo."

Repetiu várias vezes as frases limpidamente prosaicas que trocaram nos segundos anteriores à morte dela, enquanto eu pensava: "O que é que vamos fazer com o velho?". Satisfazer as necessidades de mamãe, caso tivesse sido a cônjuge sobrevivente, pareceria algo natural e fácil de gerenciar: ela era o repositório do passado da família, a historiadora de nossa infância e juventude, e, como agora eu me dava conta, em torno de sua presença tranquilamente eficiente é que a família havia continuado unida desde que eu e meu irmão tínhamos saído de casa décadas antes. Meu pai possuía uma personalidade mais difícil, muito menos sedutora e também menos maleável: a áspera resistência a quaisquer opiniões que se afastassem milimetricamente de seus preconceitos intocáveis era, de fato, uma das atividades que ele exercia com o maior rigor e sem a menor reflexão. Ainda ajoelhado ao lado dele e segurando sua mão, compreendi o quanto teríamos de ajudá-lo — embora não soubesse como conseguiríamos chegar até ele.

Sua teimosia obsessiva — sua teimosa obsessividade — quase havia provocado um colapso nervoso em minha mãe em seus últimos anos de vida: desde que se aposentara com sessenta e três anos, a independência de que ela tinha gozado como ativa dona de casa fora praticamente anulada pelos impulsos tirânicos e pela ansiedade de papai. Durante muito tempo, ela acreditou que se casara com a perfeição, e durante todo esse tempo não errou por muito — mamãe era uma daquelas devotadas filhas de imigrantes judeus que elevaram a administração de um lar nos Estados Unidos à condição de grande arte. (Não fale a ninguém da minha família sobre limpeza — nós vimos a limpeza quando ela reinava absoluta.) Mas então ele se aposentou de um dos grandes escritórios da Metropolitan Life no sul de Nova Jersey, onde vinha dirigindo cinquenta e dois funcionários, e a clara e eficaz divisão de trabalho que tanto contribuíra para o sucesso do casamento começou a ser obliterada — por papai. Ele não tinha nada para fazer, e ela tudo para fazer — e isso não podia ficar assim. "Sabe o que eu sou agora?", me disse com tristeza ao fazer sessenta e cinco anos. "Sou o marido da Bessie." E, por temperamento e formação, ele não estava preparado para ser apenas isso. Durante cerca de dois anos dedicou-se a trabalhos voluntários — no hospital de veteranos de guerra de East Orange, em grupos de ajuda judaicos e na Cruz Vermelha —, tendo sido até balconista da loja de ferragens de um amigo, mas depois se estabeleceu como patrão de Bessie. Só que mamãe não precisava de um patrão, tendo administrado por conta própria a soberba empresa de gerenciamento doméstico e familiar que criara em 1927, quando meu irmão nasceu.

No verão anterior à sua morte, durante uma visita a Connecticut, nós dois estávamos tomando chá na cozinha quando ela anunciou que estava pensando em pedir o divórcio. Ouvir a palavra "divórcio" de sua boca me causou quase tanto pasmo quanto se ela houvesse dito um palavrão. Mas, na verdade, os entrelaçamentos mais íntimos entre uma mãe e um pai, as dificuldades, frustrações e tensões duradouras, permanecem para sempre um mistério, sobretudo, talvez, se a gente cresce como um bom menino num lar seguro e bem organizado — e ao mesmo tempo como uma boa menina. As pessoas nem sempre se dão conta de que também somos criados como boas meninas, nós, os filhinhos amamentados e acarinhados por mães tão hábeis como a minha nas artes da vida familiar e doméstica. Por um tempo muito longo e marcante, a figura masculina que não está presente durante todo o dia permanece muito mais remota e mitológica do que a mulher palpável, magicamente proficiente, que nos meus anos de formação estava ancorada com firmeza na olorosa cozinha onde sua jurisdição era absoluta e sua autoridade, divina. "Mas, mamãe", eu disse, "já é tarde para um divórcio, não é mesmo? Você está com setenta e seis anos." No entanto, a essa altura ela já estava chorando de dar pena. Isso também me deixou abismado. "Ele não ouve o que eu digo. Me interrompe o tempo todo para falar de outra coisa. Quando saímos é pior. Aí não me deixa abrir a boca. Se começo a falar, manda que eu me cale. Na frente de todo mundo. Como se eu não existisse." "Fale com ele para não fazer isso", retruquei. "Não ia fazer a menor diferença." "Fale uma segunda vez e, se não funcionar, se levante e diga 'Estou indo para casa'. E vá." "Ah, meu querido, eu não seria capaz de fazer isso. Não, não ia poder envergonhá-lo desse jeito. Não na frente de outras pessoas." "Mas você está dizendo que ele te envergonha na frente dos outros." "Aí é diferente. Ele não é como eu. Ele não aguentaria, Philip. Ia desmoronar. Isso ia acabar com ele."

Três meses após a morte dela, em agosto de 1981, viajei de Connecticut para levá-lo à Jewish Federation Plaza, em West Orange, onde examinaríamos as acomodações para pessoas aposentadas e idosas. O Plaza tinha sido recomendado por um velho amigo de meu irmão dos tempos de Newark, um advogado de Nova Jersey que fazia parte do conselho de diretores da Federação. Ele havia dito que poderia ajudar meu pai a arranjar um apartamento sem muita demora, caso estivéssemos interessados. Os residentes do Plaza viviam sozinhos em apartamentos de dois ou três quartos, mas o esquema estimulava fortemente a socialização: jantavam todas as noites num refeitório onde a comida era preparada para eles e tinham livre acesso a todas as atividades de grupo no florescente Centro Comunitário Judaico que ficava ao lado. West Orange ainda era um dos subúrbios mais agradáveis de Newark, e o Plaza, tal como me havia sido descrito, estava situado numa colina gramada a cavaleiro de uma avenida movimentada, a poucos minutos a pé de um shopping center e também do Templo B'nai Abraham, que, assim como a academia, havia sido transplantado da decadente Newark e servia às pessoas idosas como núcleo de atividades culturais e sinagoga. Imaginando que o Plaza era o tipo de lugar onde não lhe faltaria companhia, eu esperava que, após nossa visita, a ideia da mudança o atraísse. Temia que, caso ele tentasse se manter por muito tempo no apartamento de Elizabeth, acabaria morrendo literalmente de solidão. Suas refeições, quando ao menos se sentava para fazê-las, pareciam consistir principalmente de cachorros-quentes e feijão enlatado. Quando eu telefonava no meio do dia, com frequência o encontrava dormindo ou aos prantos.

Naquele dia, ao chegar ao apartamento, tive a certeza de que ele vinha chorando sozinho. Talvez estivesse chorando desde que acordou; quem sabe havia chorado a noite inteira. Ele passara algumas semanas conosco em Connecticut durante o mês de junho e mais uma vez em julho, parecendo então que tinha superado a fase mais aguda do sofrimento. Mas agora que se encontrava de volta ao apartamento sem mamãe, a sensação de perda retornara com força total. Conquanto fizesse um lindo dia de agosto, ele estava sentado com as persianas abaixadas e sem uma única luz acesa. Reparei que suas roupas, embora limpas, não combinavam, como se, ao levantar da cama, ele tivesse vestido as primeiras coisas que encontrou. Quando perguntei o que havia tomado no café da manhã, respondeu: "Nada. Sei lá. Não lembro".

"Trouxe um presente para você." Acendi a luz e lhe mostrei uma sacola de plástico. "Exatamente o que você sempre quis. Feche os olhos."

Para minha surpresa, ele obedeceu como uma criança que espera um presente, embora nenhuma expressão visível de expectativa lhe iluminasse o rosto.

"Veja." Tirei da sacola uma escova de lavar vaso sanitário e um frasco de Lysol comprados num armazém de Connecticut três horas antes. Tinha trazido também um vidro de Valium com comprimidos de dois miligramas. A ideia era fazê-lo abandonar os de cinco miligramas que eu lhe dera após a morte de mamãe a fim de ajudá-lo a dormir. "Vamos", eu disse. "Vou lhe ensinar uma coisa que você nunca aprendeu na escola da Décima Terceira Avenida."

Ele me seguiu até o banheiro, onde várias de suas cuecas boxer estavam penduradas para secar em cabides de arame, e lhe mostrei como limpar o vaso com a escova.

"Se você insiste em ser sua própria arrumadeira...", comecei, porém ele me interrompeu bruscamente.

"Por que vou pagar alguém quando eu mesmo posso fazer? Levanto às cinco e começo a passar o aspirador de pó. Jurei, jurei para mim mesmo quando ela morreu que eu ia manter este lugar como sua mãe gostava." Essas palavras foram suficientes para fazê-lo voltar a chorar.

De volta à sala de visitas, lhe dei o vidro com Valium de dois miligramas e disse que, se necessário, tomasse um deles à noite e jogasse fora os antigos. Ele não questionou minha recomendação, embora no passado se recusasse a tomar até uma aspirina. Não tive tanta sorte quando o lembrei de que éramos esperados no Plaza à uma da tarde. Revelando indiferença, disse que não estava interessado. "Quero que eles se danem. Estou bem aqui. Está tudo bem."

"Está mesmo?"

"Que se danem, Phil; não quero ir."

"Olhe, você sabe que não é assim que as coisas funcionam. Você não está sendo justo. Em vez de me tratar como um membro da família, faça o favor de fingir que ainda dirige um escritório de seguros. Se alguém te procurasse no Metropolitan com uma proposta que julgasse ser útil para você, o sujeito ao menos teria a chance de explicar o que tinha em mente. Depois de ouvi-lo, você ia refletir e tomar uma decisão. Certamente, depois de convidá-lo para uma conversa, não ia lhe dizer 'Que se dane' sem ao menos parar para ouvir. Só estou propondo que a gente dê uma olhada no lugar, como concordamos em fazer uma semana atrás. Não é uma clínica de repouso nem um asilo de velhos, nem nada desse tipo; é um novo complexo de apartamentos com uma fila enorme de candidatos, e o objetivo é proporcionar uma vida confortável e calorosa a pessoas na sua situação, entre outras. Pode ser bom para você e pode não ser, mas não há como saber se você não cooperar. Por favor, aja como um corretor de seguros em vez de sei lá quem que você está representando; talvez assim possamos fazer alguma coisa útil ainda hoje."

Minha preleção não apenas funcionou, mas teve um efeito espetacular. "Está bem!", ele declarou em tom decidido, saltando rapidamente do sofá. "Vamos embora."

Não me lembrava de algum dia havê-lo persuadido a fazer alguma coisa que ele não quisesse. Não tinha certeza se já havia sido suficientemente idiota para ao menos tentar.

"Agora, sim, estamos nos entendendo", eu disse. "Talvez você queira dar um jeito nas suas meias. São de cor diferente. E não sei se essa camisa axadrezada vai bem com essa calça em padrão escocês. É melhor usar ou uma ou outra."

"Meu Deus", ele disse, reparando no que vestia. "Onde é que eu estou com a cabeça?"

Apesar de estar, como anunciado, plantado em meio a um belo gramado no topo de uma colina margeada pela Northfield Avenue, o complexo de apartamentos não era tão acolhedor e convidativo quanto eu esperava. Embora novo e bem-cuidado, o Federation Plaza parecia mais institucional do que residencial, uma mescla de dormitório de pequena universidade com prisão de segurança mínima. Íamos nos encontrar com uma moradora, Isabel Berkowitz, que se oferecera para nos mostrar o lugar. Tínhamos o número de seu apartamento, mas, como havia um labirinto de caminhos diante do prédio, parei duas senhoras bem idosas na aleia principal que conduzia à Northfield Avenue e perguntei se sabiam nos dizer onde morava Isabel Berkowitz.

"Também me chamo Berkowitz", respondeu uma delas. Falava com um sotaque iídiche que, juntamente com seu vestido e aparência geral, a fazia parecer ter mais em comum com a geração de meus avós do que com a de meus pais e seus amigos. Eu tinha certeza de que meu pai estava pensando a mesma coisa — que ele não era aquele tipo de velho e, o mais importante, que não pertencia àquele círculo. "Eu sou a outra Berkowitz!", ela nos disse alegremente.

"Berkowitz de onde?", meu pai perguntou.

"De onde mais podia ser? De Newark."

Em poucos segundos, papai descobriu que havia conhecido o falecido marido dela, antigo proprietário da Distribuidora Central de Papéis na Central Avenue, enquanto ela conhecera o irmão de Feiner, amigo dele, e por aí foram.

No apartamento, papai havia se mostrado arredio e emburrado; no caminho para West Orange, silencioso e melancólico. Mas bastou encontrar alguém que conhecera alguém que ele tinha conhecido em Newark para que seu estado de espírito se transformasse, tornando-o falador, animado, gregário, aquele funcionário dinâmico de uma companhia de seguros de Newark que, como corretor e subgerente, conhecera quase todas as famílias judias da cidade.

Sem pensar mais em seus problemas e nem mesmo na razão de estarmos lá, ele desfiou para aquela outra sra. Berkowitz os nomes de todos os donos das lojas que ficavam próximas às de seu marido na Central Avenue quarenta anos atrás.

Pus-me de lado até que ele terminasse de exibir sua admirável memória e então perguntei mais uma vez à velha senhora se ela podia nos indicar o caminho. Não podia. Quando tentava, ficava confusa, de repente incapaz de se concentrar. "Olhe", ela disse após lutar com seus pensamentos, "estou de miolo mole; vou lhe mostrar onde ela mora."

A outra mulher não abria a boca e, enquanto nos conduziam até o corredor que levava ao apartamento de Isabel Berkowitz, vi que havia sofrido um derrame cerebral. Meu pai também notou e, mais uma vez, sem precisar me dizer nada, eu o ouvi insistindo em que ele não era aquele tipo de velho. "É verdade", pensei, "mas, sendo o tipo de velho que é, o que será de você vivendo sozinho?"

A sra. Berkowitz que procurávamos era, para meu alívio, uma mulher esperta, vivaz e atraente, que aparentava ter dez anos a menos que os seus setenta. Seu apartamento de dois quartos, embora algo apertado, recebia bastante luz do sol e as paredes estavam cobertas de pequenos quadros que colecionara ao longo dos anos. Havia até mesmo um pintado por ela, uma colorida natureza-morta, ao lado de amostras emolduradas de seus bordados. Deu a impressão de estar contentíssima em nos ver e imediatamente ofereceu algo gelado para bebermos. Passados apenas cinco minutos, quando nos vimos outra vez a sós por alguns momentos, papai se voltou para mim e disse: "Que mulher, hem?". Tendo começado a carreira como enfermeira no Brooklyn, Isabel chegara a ocupar um alto cargo no serviço de saúde de Nova York. Embora um pouquinho mais sofisticada que mamãe, sua mistura de vitalidade extrovertida e refinamento sem artificialismo me lembrava muito como ela era na minha juventude. Talvez tenha sido essa semelhança que, enquanto esperávamos no corredor que Isabel trancasse a porta para ir nos mostrar o lugar, levou papai a anunciar espontaneamente, como se seus sofrimentos houvessem terminado: "Adoro essa mulher! Ela é ótima!".

Isabel contou que tinha ido para lá quando o Plaza fora inaugurado, em outubro, e que ainda encontrava alguma dificuldade para se "ajustar". Era uma grande mudança com relação à sua vida anterior. Ela e o falecido marido — um homem vigoroso, que fizera fortuna por conta própria e tinha uma trajetória profissional similar à de papai — moravam num apartamento espaçoso em Jersey City, com vista para a Estátua da Liberdade. Mas ela decidira deixar o apartamento e se mudar para o Plaza porque, não fazia muito tempo, tivera problemas graves de saúde e queria ficar perto dos Berkowitz.

Papai me surpreendeu ao dizer: "É, eles são uma família maravilhosa". Até então ele não dera nenhuma indicação de que conhecia os Berkowitz de Isabel e *tampouco* os Berkowitz da outra senhora. Mas talvez estivesse apenas tentando se fazer de simpático com a mulher que parecia tê-lo engolfado em uma onda de sentimento tão indisfarçável quanto surpreendentemente avassaladora.

Caminhando pelo corredor, Isabel Berkowitz me disse: "Então você é o Philip Roth. Muito obrigada por todas as risadas". Voltando-se para papai, continuou: "Seu filho tem um tremendo senso de humor".

"Aprendi as piadas com ele", respondi.

"É mesmo?" Ela sorriu, pedindo a papai: "Então me conta uma piada, Herman".

Ela sabia como lidar com o homem. "Você conhece aquela dos dois judeus... Você conhece aquela do cara que acorda de manhã... Você conhece aquela do sujeito na Flórida que fica com vontade de vomitar..."

Fazia muitos anos que eu não o via tão alegre, para não falar desde a morte de mamãe. Na verdade, ele estava tão imerso na tarefa de apresentar seu repertório de piadas de judeu que prestou pouca atenção nas instalações mostradas por Isabel. Atravessamos o refeitório, limpo e simples, uma sala ampla que se assemelhava a um restaurante de universidade; por uma porta aberta, demos uma espiada na cozinha, onde o equipamento brilhava de tão imaculado e uma corpulenta mulher negra, sentada diante de uma longa mesa, cortava metodicamente pedacinhos de alface para as centenas de saladas a serem servidas no jantar; fomos até o Centro Comunitário Judaico vizinho e vimos as salas onde se realizavam reuniões ou jogos de cartas. Eu mantinha a esperança de que ele começaria a mostrar alguma curiosidade sobre as coisas ao redor e visse ali — senão necessariamente naquele momento, nos dias seguintes — um meio de escapar da solidão, porém papai concentrou toda a atenção em Isabel, passando a lhe contar histórias, não de todo desconhecidas por mim, acerca de sua infância na Newark dos imigrantes.

Quando fomos ver o ginásio do Centro Comunitário era dia de gincana, umas trinta crianças formavam um círculo sentadas no chão, enquanto dois conselheiros explicavam uma nova brincadeira. "Vocês não acham que nossas crianças judias são uma beleza?", Isabel perguntou. Mas se o objetivo era fazê-lo ver o que se encontrava diante de seus olhos, não adiantou nem um pouco — sem ao menos dirigir a vista para onde ela apontava, papai continuou a descrever a Newark de 1912.

Só ao chegarmos ao escritório da administração do Centro as reminiscências foram temporariamente postas de lado, enquanto papai contava ao diretor e a seu assistente que o responsável pelo Centro de Elizabeth, aonde ele ia de manhã várias vezes por semana, não valia nada: nunca visitava a academia de ginástica para falar com seus usuários e não tinha a menor ideia de como eles estavam. Confessou que não se dava com ele. "Não quero nem saber daquele sujeito. Organizei um grupo especial de velhinhos e nos divertimos por conta própria. O diretor que se dane." "O senhor é o tipo de pessoa de que necessitamos aqui", respondeu o administrador, porém o convite implícito não suscitou nenhuma reação. No corredor, ao sairmos do escritório, demos de cara com Bleiberg, o presidente da organização social do Plaza, um homem de cerca de setenta e cinco anos que sofria de esclerose múltipla. Isabel fez as apresentações. "Bleiberg... Bleiberg... Lembro de você, Bleiberg", disse meu pai. "Você tinha uma joalheria na Green Street." Bleiberg de fato possuíra uma joalheria na Green Street de Newark. "O senhor gosta de morar aqui?", perguntei a ele. "Adoro", respondeu Bleiberg, enquanto meu pai continuava: "Isso mesmo, Green Street. Vou lhe dizer quem mais tinha loja na Green Street" — e foi o que ele fez.

Quando voltamos para o carro, sugeri que déssemos uma olhada no shopping center, onde havia uma livraria, um banco e um café, e onde, segundo nos dissera Isabel, os residentes do Plaza às vezes iam almoçar. Depois, eu disse, poderíamos visitar a nova B'nai Abraham.

"Não há nada para ver lá", ele retrucou.

"Mas você não quer dar uma olhada no templo? Em Elizabeth você vai à sinagoga para o serviço de sexta-feira à noite."

"Vamos para casa."

"Está bem", eu disse, depois que entrei na Northfield Avenue tomando a direção contrária ao shopping center e ao templo. "O que você achou do lugar?"

"Nada."

"Nada mesmo?"

"Não é para mim."

"Bom, talvez você tenha razão. Embora essa seja uma primeira impressão. Deixe a coisa assentar. Espero que você aceite o convite de Isabel."

Ao nos despedirmos, Isabel havia sugerido que ele voltasse dentro de alguns dias para que os dois fossem ver um filme no Centro Comunitário, onde se realizavam sessões de cinema algumas noites por semana. "Eu me encarrego da pipoca", ela dissera com um sorriso encantador. A ideia pareceu interessá-lo no momento, e ele havia anotado o número do telefone dela, dizendo que iria telefonar. Agora, porém, como se a proposta tivesse sido totalmente absurda, me disse: "Só faltava essa, eu vir lá de longe só para ver um filme".

Um calendário que o diretor lhe dera com as atividades sociais do Centro Comunitário nos meses de agosto e setembro tinha escapado de suas mãos e caído no chão do carro. Ao chegarmos a Elizabeth, ele nem se preocupou em apanhá-lo. Aliás, eu também não. Já no apartamento, abri as cortinas para deixar a luz entrar, enquanto ele foi ao banheiro. Em meio ao som do seu jato no vaso sanitário, ouvi-o choramingar: "Mamãe, Mamãe, onde você está, Mamãe?".

Ele passou o primeiro inverno como viúvo ao norte de Miami Beach, em Bal Harbour, dividindo um apartamento com seu velho amigo Bill Weber. Quando eu era menino, Bill e sua falecida esposa, Leah, moravam perto de nós na Leslie Street, logo depois da divisa entre Newark e Irvington. No começo da década de 1940, juntamente com o filho mais novo do casal, Herbie, que tinha a idade de meu irmão, eles haviam dividido um pequeno chalé de verão na costa de Jersey conosco e com duas outras famílias, amigos de meus pais desde antes da guerra. Como Bill instalava e fazia a manutenção de caldeiras de calefação a óleo, talvez fosse o único dos amigos íntimos da família que chegava sujo do trabalho ao final do dia, pois todos os demais eram vendedores ou lojistas. Jovem fuzileiro naval na Primeira Grande Guerra, Bill tinha servido na base de Guantánamo, em Cuba, onde tocara trompete na banda dos fuzileiros navais. Agora, por volta dos oitenta e cinco anos, um pouco surdo, mas de modo geral em boa forma física, jurou que ouvia dentro dos dentes as músicas que costumava tocar naquela época. "Isso não é possível", papai lhe disse categoricamente. "Herman, eu ouço as músicas", Bill retrucou, "estou ouvindo agora." "Não pode estar ouvindo." "Mas *estou*. É como se tivesse um rádio tocando dentro da minha boca." Eu tinha voado de Londres para a Flórida a fim de visitar papai, e estávamos os três sentados na pequena cozinha do apartamento, comendo os sanduíches de mortadela que papai preparara para o almoço. "O que é que você ouve exatamente?", perguntei a Bill. "Hoje? O 'Hino dos Fuzileiros Navais'", ele disse, começando a cantar: *"From the halls of Montezuma..."*. "Você está imaginando isso", meu pai insistiu. "Herman, é tão verdadeiro quanto seu filho Philip estar sentado aqui nesta cozinha."

Papai deu a impressão de haver recuperado toda a força e elã durante os vários meses passados na Flórida, parecendo de fato maravilhosamente rejuvenescido. Alguns anos antes, por conta de uma cirurgia, a musculatura de seu ventre tinha ficado flácida e ele ganhara uma barriguinha, mas, de resto, para sua idade era um homem de altura mediana com uma extraordinária forma física, cuja virilidade espontânea e despretensiosa, combinada com sua decência e vivacidade naturais, atraíra instantaneamente o interesse das viúvas das redondezas. Quando jovem, ele tinha uma força excepcional nos braços e no peito, e parte dessa solidez ainda era visível em seu torso, em especial após aquela ressurgência de vitalidade. Conquanto pudesse ser de uma franqueza brutal e dominar qualquer conversa com suas ácidas diatribes contra o Partido Republicano, ele possuía um jeitão simpático, e a franqueza mundana irradiada por sua aparência encantava a todos. Caso dispusesse de tempo para isto, ou impulso, ou necessidade, talvez até pudesse se fazer passar por bonito de uma forma discreta, porém a "beleza" não fora um trunfo que ele usou para travar suas batalhas — muito tempo antes, papai decidira ter feições que inspirassem confiança em vez de serem objeto de inveja ou de elogios. Agora, naturalmente, seus cabelos estavam bastante ralos e com apenas um toque de castanho; a pele do rosto, embora sem rugas, cedera debaixo do queixo, formando a papada característica da família; e as orelhas pareciam ter sido esticadas, como balas puxa-puxa, ficando mais longas. Apenas os olhos continuavam realmente "bonitos", mas a pessoa só saberia disso se calhasse de estar bem perto quando ele retirasse os óculos por alguns segundos. Então a pessoa veria quanto de cinzento havia neles, e até mesmo algum verde — de perto daria para reparar quão gentis e serenos eles eram, como se apenas os olhos tivessem se salvado, desde 1901, das reverberações daquele dínamo tosco, imperfeito e de fabricação caseira cujo funcionamento obstinado o fizera vencer a corrida de obstáculos que foi sua vida.

A recuperação na Flórida talvez em parte tenha se devido ao fato de papai haver encontrado em Bill Weber um bom substituto para mamãe — um parceiro afável, calmo e fleumático cujos erros e defeitos ele podia corrigir incessantemente. Observei-o orientando Bill desde que cheguei a Bal Harbour. Ao sair do elevador no andar deles, vi meu pai e Bill caminhando pelo corredor uns seis metros à minha frente. Em vez de chamá-los, os segui em silêncio, ouvindo papai criticar Bill por suas deficiências de socialização. "Convida ela para um cinema, chama para jantar — você não pode ficar sentado em casa todas as noites." "Não quero sair com ela, Herman. Não quero sair com ninguém." "Você é antissocial." "Se é isso que você acha, está bem, sou mesmo." "Vive como um eremita." "Tudo bem." "Não, tudo mal! Você tem que se socializar mais. Há muitas mulheres aqui doidas para encontrar companhia. Não estou falando de mulheres com problemas emocionais. Nem todas querem se apossar de você. Nem todas querem cravar os dentes em você." "Não quero mulher nenhuma. Não há nada que eu possa fazer por nenhuma mulher. Estou com oitenta e seis anos, Herman." "Ora, por favor, não estou falando disso. Estou falando de comer uma boa refeição com alguém, ver outras pessoas como um ser humano normal." "Você é bom nisso, eu não. Prefiro ficar em casa." "Não te entendo, Bill. Não entendo por que você briga tanto comigo quando só estou tentando te ajudar."

À noite haveria uma apresentação de quatro moradores do condomínio que haviam criado um grupo de música de câmara no começo do verão. O líder era um violinista idoso nascido na Rússia e, segundo as pessoas que papai me apresentara na piscina à tarde, "treinado em Viena". Essas pessoas me disseram que, se eu gostava de música, não deveria perder o concerto, que se seguiria à reunião semanal do clube social do Galahad Hall e seria visto por quase todos os moradores em condições de andar — e até mesmo, como eu veria, alguns em cadeiras de roda ou andadores, nesses casos acompanhados por suas enfermeiras. Toda semana havia algum espetáculo, uma apresentação de diapositivos ou palestra, em que se serviam comidinhas e bebidas não alcoólicas. Juraram que eu me distrairia muito.

Depois do jantar, em que comemos cachorros-quentes e feijão enlatado (preparados por papai enquanto Bill arrumava cuidadosamente três pratos na mesa), ele disse a Bill que vestisse um paletó e calçasse os sapatos para ir conosco ao "concerto". Tudo que Bill desejava era ficar lá em cima para assistir ao jogo de basquete profissional na televisão. Mas, como papai não parava de falar da incapacidade dele de conviver com outras pessoas, de fazer amigos, de sair à noite e se divertir, Bill cedeu e concordou que apareceria depois da música para comer e beber alguma coisa. Mas aquele "depois" não foi aceito e, dez minutos mais tarde, como papai não lhe dava trégua, Bill pegou um paletó no armário, calçou os sapatos e desceu conosco no elevador até o salão, nos fundos do hall de entrada, onde as atividades já tinham se iniciado.

Quando entramos, a presidente do Fundo Matzoh, encarregada de arrecadar doações para ajudar os membros pobres da comunidade de South Miami Beach durante a Páscoa judaica, anunciava o total obtido durante a campanha. Como ela olhava para suas anotações enquanto falava, várias pessoas na plateia gritaram: "Não estamos te ouvindo! Belle, não conseguimos te ouvir!". Quando, algo surpresa com a balbúrdia, ela levantou

39

a cabeça, um homem na ponta da última fileira, que devia ser seu marido, pôs a mão no canto da boca e disse: "Faz de conta que você está falando comigo, querida: grite mesmo!". Todos riram, sobretudo a própria Belle, que então declarou em alto e bom som que o fundo atingira sua meta de arrecadar dois mil dólares, o equivalente a cerca de dez dólares por morador, sendo aplaudida pelos presentes.

Duas fileiras à frente vi as pessoas que encontrara à tarde na piscina — o fabricante de maiôs e sua esposa, bem como a recém-enviuvada mulher que trabalhara anos antes como agente de compras em Nova York e que papai havia escolhido para ser a companheira de Bill Weber. Todos se voltaram e acenaram quando nos acomodamos atrás deles. Nossos assentos, situados numa das últimas fileiras, eram praticamente os únicos ainda desocupados. Quatro estantes de música e quatro cadeiras sem braços formavam um semicírculo na frente, enquanto perto da porta, na outra extremidade do salão, havia uma longa mesa preparada para o café. O lanche já estava lá, pratos com pilhas de biscoitos e pedaços de bolo embrulhados em papel transparente.

Terminado o relatório, o presidente do clube deu parabéns à dirigente do Fundo Matzoh pelo sucesso da campanha. Tratava-se de um homem elegante e bronzeado, de uns setenta anos de idade — apaixonado por golfe, me haviam dito à tarde —, que, após se aposentar como um exitoso fabricante de malas e produtos de couro, trabalhara no escritório da Merrill Lynch e fizera uma segunda fortuna gerenciando seus próprios recursos. Ele disse: "Senhoras e senhores. Antes que a música comece, quero lhes dizer que há pouco entrou na sala um jovem que desejo apresentar a vocês. Meu jovem, faça o favor de se levantar".

Faltava um ano para eu comemorar meu quinquagésimo aniversário, mas ele apontava na minha direção e eu me pus de pé.

"Senhoras e senhores, este é o escritor Philip Roth, filho de Herman Roth."

Ouviram-se aplausos, nem mais nem menos do que para o Fundo Matzoh. Após agradecer com um gesto de mão, voltei a sentar.

Mas o presidente continuou: "Sr. Philip Roth, posso lhe fazer uma pergunta?".

Sorri para ele e, me erguendo um pouco da cadeira, retruquei: "Ah, por favor, nenhuma pergunta. Sou apenas um convidado".

"Só uma pergunta. O senhor pode nos falar um pouco de seu pai?"

"Posso lhe assegurar", respondi, pousando a mão no ombro dele, "que basta perguntar ao meu pai e ele vai lhe contar tudo que quiser saber. Talvez até mais."

Papai gostou da resposta, assim como seus amigos à nossa frente. O fabricante de maiôs aposentado se voltou para trás e disse: "Herm, o garoto te conhece bem!". Horas antes, na piscina, havia se referido a papai de forma brincalhona como o "comandante do condomínio", mas logo depois, enquanto ele nadava, me dissera em tom de confidência: "Seu pai é um ser humano de verdade, é o único aqui que transmite força para todos os outros".

"Mais uma pergunta...", o presidente recomeçou.

Interrompi-o. "Ah, não precisa me perguntar nada. Só vim aqui para apreciar a música. Vamos ouvir a música!" Recebi mais uma salva de palmas e sentei de novo.

Bill, que estava ao meu lado, piscou o olho e sussurrou com orgulho: "Falou e disse!".

"Você me conhece, Bill, prefiro sempre a simplicidade."

"Meu Philip", Bill disse, tomando-me a mão e a mantendo apertada enquanto os músicos chegavam com seus instrumentos, se sentavam e começavam a afiná-los. Bill não estava segurando minha mão porque pensava que eu ainda tinha sete anos, mas porque me conhecia desde os sete anos e se sentia no direito de segurá-la por mais velho que eu houvesse me tornado ao longo desse tempo.

Nos trinta minutos seguintes, me dei conta — como nunca

o fizera de todo quando o intérprete era Perlman ou Yo-Yo Ma — do quanto de trabalho muscular é necessário para tocar um instrumento de cordas. Já no meio do primeiro movimento, me perguntei se era realmente uma boa ideia o violista continuar tocando. Ele devia estar perto dos oitenta, um homem grandalhão e corpulento, com um rosto severo e sem expressão. À medida que a música foi esquentando, seu rosto se tornou mais e mais pálido, e vi que ele começou a ofegar. O espetáculo foi tão alarmante quanto heroico, como se aquelas quatro pessoas idosas tentassem tirar um carro atolado da lama; e, conquanto a música nem sempre soasse como um quarteto de cordas de Haydn, ao final do primeiro movimento todos aplaudiram entusiasticamente e alguns amigos dos intérpretes gritaram "Bravo! Bravo!", enquanto metade da audiência se levantava e marchava rumo ao bufê.

"Não, não!", o presidente do clube exclamou, pulando da primeira fileira e se pondo de frente para a plateia. "Por favor, ainda tem mais!" Os músicos, tendo secado o rosto e virado a página da partitura, esperaram pacientemente até que todos se sentassem e ficassem de novo em silêncio. No entanto, após alguns compassos do segundo movimento, as bolsas começaram a se abrir e fechar, os casais se puseram a tagarelar. Bem à minha frente, uma senhora elegante, com uma bengala aos pés e um monte de contas no colo, preenchia cheques discretamente e os prendia com um clipe na fatura apropriada antes de colocar tudo em envelopes separados. Ela havia trazido até uma folha de selos. Era melhor do que pagar as contas a sós em seu apartamento.

Ainda segurando a minha mão, Bill inclinou a cabeça na direção de meu ouvido e sussurrou: "Esse troço não é apropriado para essa audiência, Philip".

"Acho que você tem razão", concordei.

"Um pouquinho de Victor Herbert", ele continuou a sussurrar, "um pouquinho de Gershwin — um clarinete, um oboé, uma trompa. Daqui só se ouve o guincho do violino."

Duas outras vezes, ao final de um movimento, a audiência

imaginou que tudo acabara, e duas vezes mais aqueles que saíam em busca de um café e uma fatia de bolo tiveram de ser repreendidos e forçados a retomar seus lugares. Quando se ouviu o vigoroso *finale* e o espetáculo enfim terminou para valer, todos se puseram de pé e fizeram uma ovação, que interpretei como uma forma de se congratularem consigo próprios pela resistência demonstrada e também com os músicos por sua força física. Algo no modo afável e disciplinado com que tinham voltado a seus assentos e lá ficado me fez lembrar das pessoas que acompanhavam as orações na sinagoga nos meus tempos de criança, quando, após a leitura da Torá, a coisa ainda se arrastava por um tempão e ninguém tinha a menor ideia do que estava sendo lido, mas todos continuavam sentados direitinho por uma questão de *respeito*. Obviamente, alguns poucos continuavam sentados na sinagoga porque nunca se fartavam do que ouviam, porém esse não pareceu ser o caso durante o espetáculo no Galahad Hall.

O presidente do clube foi de músico em músico apertando suas mãos, embora o violista, a essa altura, mal conseguisse levantar a cabeça e muito menos a mão, enquanto eu continuava a pensar que talvez coubesse tomar alguma providência médica urgente com relação a ele. O presidente voltou-se então para a plateia e sacudiu os braços bem alto, nos encorajando a bater palmas com mais força. "Isto mesmo, senhoras e senhores. Todo artista, seja quem for, precisa saber se a gente gosta dele ou não. Vamos mostrar a esses aqui o que nós sentimos!"

"Bravo! Bravo!" O aplauso se transformara num golpear ritmado, de uma exuberância que eu não poderia esperar de um grupo tão moderado, mas o alívio por terem sido liberados era de fato imenso. As palmas mais intensas vinham daqueles que haviam pulado de seus assentos e já formavam uma fila dupla diante do bufê. "Bravo!"

A ovação continuou até que, em tom de triunfo, o presidente anunciou, vencendo a algaravia: "Senhoras e senhores! Senhoras e senhores! Boas notícias! Os artistas vão nos conceder um bis!".

Pensei que haveria um motim. Imaginei que voariam pratos

vindos do bufê. Pensei que alguém iria até a frente do salão e arrebentaria o violoncelo com um pontapé. Mas não, tratava-se de pessoas decentes que tinham vivido por muito tempo, que já haviam conhecido e suportado seu quinhão de sofrimento, judeus nascidos numa época em que os bons modos, mesmo para os pouco instruídos, ainda sofriam a influência da religião, e assim a deferência para com quem brandia um arco e uma rabeca — em oposição a um arco e uma flecha — era simplesmente insuperável. Por mais torturante que parecesse a perspectiva de retornarem a seus assentos, eles sublimaram a agonia e voltaram, muitos trazendo xícaras de café e pratinhos de doces que equilibraram nos joelhos ou puseram a seus pés. A esposa do primeiro violinista, uma mulher baixinha de cabelos brancos sentada na primeira fila, se afastou da plateia com passos firmes e foi sentar diante de um piano próximo ao quarteto. Enquanto o violista, o violoncelista e o segundo violinista observavam, exaustos, o primeiro violinista, um homem de vigor excepcional para sua idade, executou com a esposa um dueto de Fritz Kreisler. O violinista sorria para ela sempre que seus olhos se encontravam, o que fez com que diversas mulheres ao meu redor se voltassem para as vizinhas e sussurrassem embevecidas: "Ele está olhando para a mulher dele".

Papai havia dormido durante a maior parte do Haydn, mas, terminado o candente bis, se ergueu junto com os demais e disse: "Que beleza! Que beleza!".

"Herman", Bill disse a ele, levantando-se lentamente do assento ao meu lado, "você estava morto de tédio."

"Bem, não sou um amante da música. Mas isso não significa que não estava uma beleza."

"Não estava nenhuma beleza, Herman", Bill continuou em tom tristonho. "Estava uma droga. Jack Benny tocava melhor. Vou subir."

"Poxa, Bill. Outra vez? Para ficar sentado com o seu sorvete em frente da televisão? Estelle está aqui", ele disse, apontando para onde estava a ex-agente de compras, conversando animadamente com a esposa do primeiro violinista, a qual se pusera de novo diante do piano tocando alguma coisa que ninguém ouvia. A audiência não ousava prestar atenção. Não tinham nem mesmo aplaudido o bis com medo de que isso deflagrasse outro mais. "Fala com a Estelle, está bem?", meu pai implorou a Bill.

"Herman, eu vou subir."

"Bill, você já está bem crescidinho, tem oitenta e seis anos — pode muito bem falar com uma mulher."

Porém Bill, me dando adeus com um aceno, dirigiu-se ao bufê a fim de pegar uma fatia de bolo e levá-la embrulhada num guardanapo para comer enquanto tomava o sorvete e via o jogo.

"O que é que eu faço com esse sujeito?", papai me perguntou enquanto abríamos passagem para chegar à mesa do lanche.

"Que tal não fazer nada?", sugeri de modo jovial. "Por que não deixar ele ser do jeito que é?"

"E deixar ele morrer nas garras da solidão? Ficar sentado lá sozinho todas as noites? Negativo!"

Ele havia encontrado Bill para ajudar e mulheres para cortejar, mas os contatos com elas, cujas implicações sexuais não pude precisar, é que pareciam tanto a causa quanto o efeito de seu rejuvenescimento. Nos três primeiros dias que lá passei, levou-me para tomar drinques nas casas de três viúvas judias ricas cujas idades variavam de sessenta e cinco a setenta e cinco anos, todas muito sofisticadas e atraentes e, segundo meu pai, ansiosas para aprofundar as relações com ele. Enquanto caminhávamos até os condomínios onde elas moravam, ele me falava sobre as empresas que seus maridos haviam fundado, quantos filhos possuíam e em que ramo de negócio tinham tido sucesso, o estado de saúde de cada uma, as tragédias em suas vidas e quanto valiam seus apartamentos. Na volta para casa, perguntava: "E então, o que você achou?". A cada vez eu respondia, com toda a honestidade: "Muito simpática. Gostei dela". Ele então dizia: "Ela quer me levar num cruzeiro marítimo no próximo outono" ou "Sabe o que ela me diz? Que o apartamento é duas vezes maior do que precisa. Fica zanzando por lá sozinha...". "E daí?", eu perguntava. "Daí nada. Eu só escuto, não falo nada. Phil, é muito cedo..." E então ele caía no choro e, embora não soluçasse perdidamente como nos primeiros meses após a morte de mamãe, a carga emocional ainda era considerável. "Eu não sabia que ela estava tão doente. Se tivesse a menor ideia..." "Ninguém sabia", lhe assegurei, "não havia nada que alguém pudesse fazer." "Ah, Bessie", ele exclamou, "Bessie, Bessie, eu não sabia, não reparei..." Mais tarde, no jantar, depois que papai tomava uma vodca com vermute seco, eu lhe sugeria que não seria crime nenhum ele fazer um cruzeiro no outono com Cora B. ou dividir o apartamento no próximo inverno com Blanche K. — e ele me contava as histórias exemplares que ilustravam a modéstia, a humildade, a lealdade, a coragem, a eficiência e a confiabilidade de mamãe. Voltávamos a pé para o apartamento, onde Bill, só de cuecas, via televisão e papai começava a criticá-lo por passar a noite inteira sozinho.

3. EU VOU VIRAR UM ZUMBI?

ASSIM, TENDO CHEGADO AO APARTAMENTO após visitar a sepultura de mamãe, fui para o banheiro, onde, enquanto contemplava a tigela de barbear de meu avô, ensaiei a fala pela quinquagésima vez; em seguida voltei para a sala de visitas e o encontrei afundado num canto do sofá à espera do veredicto. Lil aguardava na outra ponta do sofá. Ela perguntou: "Philip, você quer que eu saia?".

"Claro que não."

"Herman", Lil perguntou a ele. "Você quer que eu fique?" Mas ele nem a ouviu. E, a partir de então, Lil ficou tão silenciosa que era como se não estivesse presente.

"Bem", ele disse devagar, num tom bastante soturno, "quais são as más notícias?"

Sentei-me à sua frente, meu coração batendo tão forte como se eu é que devesse ser informado de algo terrível. "Você está com um problema sério", comecei, "mas é possível tratar dele. Está com um tumor no cérebro. O dr. Meyerson diz que, pela localização, há noventa e cinco por cento de chance de ser benigno." Tal como Meyerson, eu tencionava ser honesto e descrevê-lo como grande, porém não consegui. Só o fato de ser um tumor já parecia dose suficiente para ele absorver. Não que até então houvesse acusado o choque — permaneceu sentado lá, impassível, esperando eu continuar. "Está pressionando o nervo facial, por isso a paralisia." Meyerson me dissera que *envolvia* o nervo facial, mas isso eu também não era capaz de transmitir. Minhas reticências faziam lembrar as dele na noite em que mamãe morreu. À meia-noite, hora de Londres, ele me dissera que mamãe tinha sofrido um sério ataque cardíaco e que eu devia tomar um avião e voltar para casa porque ela talvez não resistisse. "A coisa está bem ruim, Philip", ele havia dito. Mas algum tempo depois, quando telefonei de novo para comunicar meus planos de voo para a manhã seguinte, papai começou a chorar e revelou que ela realmente morrera no restaurante onde tinham ido jantar horas antes.

"Não é a paralisia de Bell", papai afirmou.

"Não, é um tumor. Mas não é maligno e é operável. Ele pode operar, se quisermos que seja ele. O dr. Meyerson quer falar com você sobre a cirurgia. Acho que é uma boa ideia voltarmos lá para uma conversa agora que sabemos do que se trata. Acho que devemos nos sentar todos no consultório dele e ver se a cirurgia é viável. A decisão final será sua." Acrescentei debilmente: "Meyerson diz que é uma cirurgia de rotina". O médico de fato usara a expressão ao final de nosso telefonema na véspera, e eu havia pensado: "Sem dúvida, rotina para você".

"Meu rosto vai melhorar com a operação?"

"Não. Simplesmente não vai piorar."

"Então é assim que eu vou ficar."

"Infelizmente, sim." Em dois minutos eu aprendera a falar como um cirurgião.

"Entendo", ele disse. Então ele não falou mais nada e se ausentou, ficou sozinho, perdido, e eu não teria me surpreendido se ele morresse ali mesmo. Os olhos não focalizavam lugar nenhum, nada, como se ele houvesse acabado de levar um tiro fatal. Ficou assim fora do ar por mais ou menos um minuto. Então, tendo absorvido o golpe, voltou à luta, calculando o tamanho de sua perda. "E a audição?"

"O que o tumor danificou não pode mais ser recuperado. Pelo que entendi, a cirurgia vai impedir que aconteça qualquer coisa nova." A menos que a própria cirurgia fizesse alguma coisa "nova" acontecer... mas não entrei nessa. Cabia a Meyerson pô-lo a par dos riscos, assim como do tamanho do tumor e do comprometimento do nervo facial.

"O tumor vai voltar a crescer?", ele perguntou.

"Não sei. Acho que não, mas você vai ter de perguntar ao médico. Vamos fazer uma lista de perguntas. Você anota as perguntas e levamos para ele, assim ele esclarece todas as suas dúvidas."

"Eu vou virar um zumbi?"

"Não creio que o Meyerson iria propor a cirurgia se houvesse essa possibilidade." Mas seria mesmo impossível? Dos quinze por cento que Meyerson admitia piorarem após a cirurgia, quantos não seriam zumbis ou algo semelhante ao que papai considerava um zumbi?

"Onde ele está?"

"Em frente ao tronco cerebral. Na base do crânio. O médico vai te mostrar exatamente onde. Quero que você anote todas as perguntas, para repassarmos com ele na segunda-feira. Marquei uma hora para irmos vê-lo e conversar sobre tudo na segunda."

Surpreendentemente, ele sorriu, na verdade um sorriso meio irônico, o trejeito sorumbático de quem sabe como são as coisas.

Levou a mão à base do crânio e, não sentindo nada de estranho ali, voltou a sorrir. "Muito bem, cada um deixa este mundo de uma forma diferente."

"E", acrescentei, "cada um vive de forma diferente. A luta de cada um é diferente, e a guerra nunca acaba. Vai ser uma provação, mas, se todos nós acharmos que a cirurgia é a melhor opção, dentro de dois meses vamos estar sentados aqui conversando, e você não vai ter mais essa coisa pressionando seus nervos."

Era um horror não poder acreditar em minhas próprias palavras, mas eu não sabia mais o que dizer. Pensei: "Daqui a dois meses ele vai estar numa clínica de convalescença, mal e mal conseguindo levantar a colher para comer um mingau; daqui a dois meses ele vai ser um zumbi estendido numa cama qualquer, alimentado por soros intravenosos, enquanto eu o observo em total desalento sentado ao lado dele como um dia ele se sentou junto a seu pai; daqui a dois meses ele vai estar no cemitério onde eu fui parar esta manhã".

Ele tinha ido ao banheiro nesse meio-tempo e, ao voltar, tentou encobrir com a mão uma grande mancha de urina do lado de dentro da calça. Começou então a falar sobre a operação de

49

apêndice que fizera em 1944, quando, contrariando todos os prognósticos, havia vencido uma brutal peritonite. Lembrou depois como eu quase morri de um apêndice supurado e de peritonite em 1968. Voltou a 1942, relembrando minha operação de hérnia com nove anos — como me levara para ver o médico da família após eu ter passado muito mal durante um passeio de carro no domingo. Era a segunda vez no mês que íamos ao consultório por causa de minhas dores. "Eu disse ao médico, eu insisti: 'Este garoto não é de fazer manha, tem que haver algo de errado', e eles nos diziam que não havia nada de errado, mas eu insisti e insisti até que eles descobriram que eu tinha razão. Eu disse ao dr. Ira, que ele descanse em paz — lembra do nosso médico, Ira Flax?" "Claro que lembro. Eu achava ele o máximo." "Eu disse a ele: 'Ira, este garoto aqui é muito ativo, gosta de correr e jogar bola, e eu quero que você dê um jeito, se houver alguma coisa errada com ele'. Nunca vou esquecer ele descendo aquela escadaria do hospital Beth Israel na noite em que você nasceu. Três da manhã. A escadaria principal do hospital. Ira de avental branco. 'E aí, Ira, Phyllis ou Philip?', e ele: 'É Philip, Herman. Outro homem'. Nunca vou esquecer isso. E meu irmão Charlie morrendo nos meus braços. Um homem tão bonito, com toda aquela energia, quatro filhos, e morreu nos meus braços, o irmão mais velho que eu idolatrava. E meu Milton, meu irmão Milton — lembra do Milton?" "Não", respondi, "Milton morreu um ano antes de eu nascer. Ganhei dele meu nome do meio." "Milton", ele disse, "dezenove anos, aluno brilhante, a luz da família, no último ano da Escola de Engenharia de Newark..." E por aí foi, rememorando as doenças, as cirurgias, as febres, as transfusões, as recuperações, os comas, as vigílias, as mortes, os enterros — sua mente, como de praxe, trabalhando para afastá-lo do isolamento angustiante de um homem à beira do precipício e para conectar o tumor com uma história mais ampla, situando seu sofrimento num contexto onde ele não estava mais a sós com uma doença singular e horrivelmente sua, mas pertencia a um clã cujas atribulações conhecia, aceitava e não tinha alternativa senão compartilhar.

Desse modo ele conseguiu domesticar o terror e almoçar, tendo dormido à noite, como me relatou por telefone no dia seguinte, seis horas ininterruptas antes de acordar suando em bicas às cinco da manhã.

Não tive a mesma sorte. Não fui capaz de encontrar nenhum contexto que reduzisse meus presságios. A ideia de que ele teria de enfrentar uma operação tão pavorosa com oitenta e seis anos era insuportável. E, mesmo que resistisse à cirurgia, a perspectiva da recuperação — e se algo desse errado durante a operação... Não consegui dormir nem por seis minutos seguidos e, bem cedo na manhã seguinte, após ficar sentado na cama horas a fio tentando ler, chamei meu amigo C. H. Huvelle, que até se aposentar alguns anos antes fora nosso médico de família em Connecticut e me ajudara a vencer algumas dificuldades físicas. Contei-lhe sobre o tumor cerebral e a intervenção proposta.

"Olhe", ele disse quando terminei, "o negócio é o seguinte. Se ele morrer na mesa de cirurgia, muito bem, terá morrido com oitenta e seis anos, que não é uma idade ruim para se morrer. Se a operação for um sucesso e ele sobreviver, coisa que o colega diz que acontece em setenta e cinco por cento dos casos, ótimo. O único resultado ruim, até onde posso ver, é ele sofrer um déficit neurológico adicional como consequência da cirurgia. Não é o mais provável, mas é possível e você tem de levar isso em conta."

"Também tenho de levar em conta o que vai acontecer se não fizermos nada. O neurocirurgião me garantiu que ele piorará muito rápido. Acho que é a isso que você se refere quando fala de déficit neurológico adicional."

"É a isso mesmo. Muita coisa pode dar errado."

"Quer dizer que há problemas de um jeito ou de outro. A operação pode desencadear um tipo de horror e a inação outro tipo de horror."

"Mas com a cirurgia é mais provável se obter alguma coisa no final que evite um horror total."

"Mas eu não quero forçá-lo a fazer a cirurgia sem uma boa razão. Já seria muito difícil superar esse tipo de operação com quarenta anos; com oitenta e seis, é impensável, não é mesmo?"

"Philip, peça uma segunda opinião e então, se quiser, me chame e podemos conversar outra vez. Mas lembre de uma coisa: você não pode impedir seu pai de morrer e talvez não possa impedi-lo de sofrer. Já vi centenas de pessoas viverem uma situação igual com seus pais. Você foi poupado no caso de sua mãe, e ela também foi poupada. Com ele, não parece que a coisa vai ser tão fácil."

Por volta das dez, após haver tentado andar no Central Park para me forçar a pensar em qualquer outro assunto, telefonei para papai pela segunda vez naquela manhã. A palavra "zumbi" — que não me recordava de ter ouvido desde que, quando criança, meu irmão e eu víamos os filmes de horror no cinema Rex, em Irvington — continuava a evocar os cenários médicos mais horrendos. De volta ao hotel, tão perturbado quanto ao sair para o parque, telefonei a fim de perguntar se ele queria fazer um passeio de carro. Não parava de imaginá-lo no apartamento, sentado num canto do sofá, o rádio desligado, as cortinas cerradas — quando, então, não fazia o menor sentido que eu estivesse dando caminhadas em Nova York, almoçando com um amigo ou sentado num cinema tentando esquecer por algumas horas que meu pai e aquele enorme tumor estavam juntos lá em Elizabeth, fazendo companhia um ao outro.

Não, ele não queria passear de carro.

Mas estava um dia lindo de primavera. Podíamos ir até as montanhas Orange. Podíamos ir almoçar no restaurante Grunings.

Não, ele estava melhor em casa.

Eu disse que iria até lá e daríamos uma caminhada.

Ele não queria dar nenhuma caminhada.

Eu disse que ia comprar salmão defumado e bagel para almoçar com ele e Lil no apartamento. Lil estava lá?

Estava no andar de cima.

Bem, diga a ela para descer e almoçamos juntos.

Não era necessário.

"Talvez não para você", pensei, "mas é necessário para mim", por isso comprei o salmão, os bagels e o cream cheese numa mercearia da Sexta Avenida, peguei o carro e fui até Nova Jersey.

Dessa vez, ao sair da autoestrada, me concentrei, para ter a certeza de que não ia parar no cemitério. Eu nada tinha a ganhar se transformasse aquilo num hábito, embora não estivesse aborrecido de haver pego a saída errada na véspera. Não saberia explicar que bem me fizera — não tinha sido um lenitivo ou uma consolação, de fato apenas confirmara meus maus pressentimentos —, porém me sentia feliz de ter ido lá por acaso. Quem sabe minha satisfação fosse porque a visita ao cemitério era correta do ponto de vista *narrativo*: paradoxalmente, dava a sensação de um evento não de todo acidental e imprevisível, e, ao menos nesse sentido, oferecia um alívio estranho em meio ao impacto de tudo que era assustadoramente imprevisto.

Quando cheguei, ele estava lá sentado tal como eu havia imaginado, sozinho no sofá, deploravelmente prostrado. As cortinas se encontravam de fato cerradas, o rádio de fato desligado, parecia até que ele nem se importara em pedir emprestado o jornal da véspera de algum vizinho perdulário. Quando comecei a desembrulhar a comida que trouxera, ele me disse que não estava com fome; quando sugeri que podíamos dar uma caminhada antes de comer, ele fez um ruído para indicar que não queria.

"Onde está a Lil?", perguntei, acendendo um abajur às onze da manhã.

"Lá em cima."

"Não quer vê-la?"

Ele deu de ombros: era indiferente.

Eu torcia para que eles não tivessem brigado, conquanto não achasse impossível que, mesmo no momento de sua maior necessidade, ele houvesse atacado, já de manhã, um dos muitos defeitos de Lil que lhe competia erradicar. Ela comia demais e estava com excesso de peso; era sovina e não gastava um vintém; falava horas a fio no telefone com uma irmã que ele não suportava; estava sempre correndo para algum lugar — um mercado das pulgas para comprar alguma bugiganga, outro mercado das pulgas para comprar outra bugiganga; assumia riscos enormes com suas poupanças, que ele lhe dissera para investir em certificados de depósito bancário; não dirigia o carro direito... A lista era longa, talvez mesmo infinita, embora, naturalmente, o começo da relação tivesse sido para ele como é para todos nós. Em 1982 e 1983, quando passou seu segundo e terceiro inverno na Flórida e ela ainda trabalhava em Nova Jersey, papai lhe enviava uma carta por dia, em geral uma espécie de boletim noticioso sobre o que estava fazendo, redigido em fragmentos no correr das horas. Eram cartas vivazes, espirituosas, ostensivamente amorosas, recatadamente sensuais e despudoradamente românticas, às vezes embelezadas por versinhos burlescos (plagiados ou de sua própria lavra) e adornadas com desenhos de figuras em forma de palitos em que os dois apareciam de mãos dadas, se abraçando e beijando, ou deitados lado a lado na cama. Cartas que começavam com "Querida Liluca" e "Oi, garota" e "Adorada Lil" — "um fluxo constante", como me descreveu a correspondência com um toque de orgulho e autogozação, "de sermões, filosofia, poemas e arte". E ternura. "Espero que esse inverno não seja rigoroso, por favor tome cuidado ao ir para o trabalho e ao voltar para casa..."; "Sem você, esse foi outro dia sem graça..."; e, diretamente abaixo do desenho quase infantil de uma mão, "Pegue minha mão e a aperte bem..."; "Penso em você o dia inteiro..."; "Quando telefonei, vi o sorriso no seu rosto bonito e senti a felicidade na sua voz, e aí, confesso, eu também sorri..."; "A música que um sujeito está cantando no rádio se chama 'Você está se sentindo só esta noite?'. Você está? Eu estava..." Num único envelope de carta, ele enfiou cópias xerox das primeiras páginas das partituras de "Love Somebody", "Love Makes the World Go Round", "Love Is a Many-Splendored Thing", "L-O-V-E" e "Where Do I Begin", do filme *Love story*. Relatava diariamente, em pormenores, o que comera; a que horas nadara e por quanto tempo; onde andara e que distância cobrira; com quem jogara cartas e conversara fiado; exatamente quantos dias faltavam para voltar a vê-la, e até mesmo as roupas que usara. "Vestido de branco de cima a baixo, sapatos, meias, calças e camisa. Quanto ao paletó, vejamos. O vermelho e branco que você não gosta ou o preto e branco. Minha querida, como você não está aqui para escolher, eu mesmo terei de tomar essa grave decisão. Experimentei os dois, e o vermelho e branco cai melhor. Mas decidi pelo outro porque vou ficar sentado a maior parte do tempo e ele é mais leve." Várias vezes por semana lhe implorava que acreditasse (aparentemente em vão) que as viúvas ricas e charmosas que conhecera em seu primeiro inverno na Flórida eram agora apenas amigas platônicas, vistas muito ocasionalmente (algo bem próximo da verdade), e que ela, só ela, era sua "linda companheira". Mantinha-a também informada da batalha diária para alargar os horizontes de Bill Weber. "Bill é desses judeus que só comem carne com batatas, não consigo levá-lo nem a um restaurante chinês..." "Enfim convenci o Bill a comer comida chinesa..." Naquela época, não havia nada que ele não quisesse contar a ela. Lil era então perfeita, mesmo seus defeitos pareciam bonitos. Naqueles dias, até suas proporções físicas eram caracterizadas com termos bem mais elogiosos do que os usados agora. "Ela é como as mulheres daquele pintor", me disse certa vez, "sabe de quem eu estou falando..." Eu nunca vira Lil, mas dei um palpite. "Rubens?" "Esse aí", respondeu. "Bom, o tipo *zaftig* tem seu lugar, não é mesmo?", eu disse. "Philip", ele continuou meio sem jeito, "estou fazendo coisas que eu não fazia desde garoto." "Ah, se todos tivéssemos a mesma sorte", comentei.

Mas não foi a gordura que selou o destino de Lil, e sim sua docilidade, uma tolerância paciente e bovina (ou, quem sabe, a vocação de uma santa) para aceitar todo tipo de críticas a seus defeitos. Havia ocasiões, sem dúvida, em que as críticas se tornavam insuportáveis até para ela, e, após uma amarga explosão que o pegava totalmente de surpresa, Lil ia para o andar de cima e não voltava por um ou dois dias. Então, pensando "Dane-se, tenho centenas de mulheres, não preciso dela", ele telefonava para uma ou outra viúva de Bal Harbour. Havia também Isabel Berkowitz, do Jewish Federation Plaza, que às vezes vinha visitá-lo (quando Lil, duas vezes por ano, fazia uma excursão turística com a irmã) e com quem ele falava por telefone todas as semanas (assim como nos períodos em que estava brigado com Lil). O fato é que essas mulheres para quem ele telefonava eram mais ricas e mais sofisticadas do que Lil, mulheres acostumadas, como viúvas de homens de negócio exitosos, a uma vida muito mais variada e capazes de inspirar em papai uma dose maior de admiração social — em suma, mulheres menos maleáveis do que aquela com quem ele tinha uma relação estável e cujos defeitos ele dificilmente teria condições de corrigir centenas de vezes por dia.

Até se aposentar — induzida a isso por papai e contrariando suas próprias inclinações —, Lil trabalhara no escritório de uma loja de peças de automóvel cujo proprietário era, por acaso, um amigo meu de infância, Lenny Lonoff, que havia morado em frente à nossa casa quando cursávamos o primário. Lil se mudara para o prédio de apartamentos de papai logo após a morte do marido — e um ano depois da morte de mamãe —, lá vivendo com um de seus dois enteados, Kenny, cuja visão financeira não satisfazia totalmente os padrões de papai. Papai desaprovava o modo como Kenny conduzia seus negócios e também não gostava de como Lenny Lonoff tocava a loja de autopeças. Quando meu pai disse isso a Lil, em vez de responder que ele não entendia nada do assunto ou que não estava interessada na opinião dele, ela ficou lá sentada ouvindo, sem fazer nenhum comentário. A meu ver, essa resignação talvez o tenha seduzido mais do que as formas rubenescas que em breve passou a interpretar simplesmente como a consequência de Lil comer demais apesar das admoestações que ele lhe fazia a cada refeição, a cada prato, toda vez que ela se servia. Comer era a única vingança dela e, assim como o tumor, algo que papai era incapaz de deter, por mais objeções que fizesse.

Ele nunca foi capaz de entender que sua capacidade de renúncia e disciplina férrea eram atributos excepcionais de que nem todos partilhavam. Acreditava que, se um homem com suas muitas desvantagens e limitações tinha tais atributos, então todos os possuíam. A única coisa exigida era a força de vontade — como se força de vontade nascesse em árvore. O inabalável senso de dever para com as pessoas que dele dependiam parecia compeli-lo a reagir ao que via como seus defeitos de forma tão visceral quanto ao que julgava serem suas necessidades — e, nesse ponto, nem sempre estava errado. Dono de uma personalidade peremptória e tendo no fundo da alma uma pepita não refinada de ignorância pré-histórica, ele não fazia a menor ideia de como suas reprimendas podiam ser contraproducentes, irritantes e, algumas vezes, até mesmo cruéis. Dizia que a gente pode levar um cavalo até a água e também fazê-lo beber — basta azucriná-lo, e azucriná-lo, e azucriná-lo até que ele tome juízo e beba. Em suma, seu método consistia em insistir, atormentar, martelar, usar as palavras para abrir um furo na cabeça dos outros.

Anos antes, quando ele e Lil foram para West Palm Beach em dezembro, papai escreveu uma carta a meu irmão, cobrindo ambos os lados de duas folhas de papel de bloco com seus laboriosos garranchos. Em nome da paz doméstica, Sandy o aconselhara a criticar Lil um pouco menos durante a estada na Flórida, particularmente no tocante ao que ela comia. Sandy acrescentou que ele também devia pegar mais leve com Jonathan, o filho mais novo de Sandy, que na época estava começando a ganhar um bom dinheiro como representante de vendas da Kodak e que papai, em cartas e telefonemas semanais, com sua habitual obstinação, instava a poupar em vez de gastar.

Querido Sandy,

Acho que as pessoas têm dois tipos de filosofia. As pessoas que se importam e as que não se importam. Pessoas que fazem e pessoas que deixam tudo para depois e nunca fazem nada ou ajudam.

Eu voltei do escritório e não me senti bem, você e Phil eram muito pequenos. Mamãe preparou o jantar. Não sentei para comer, em vez disso fiquei na sala de visitas. Uma hora depois o dr. Weiss estava lá em casa, Mamãe havia chamado ele. Essa era a cena, ele me perguntou o que tinha de errado comigo. Eu disse a ele que estava com uma dor em cima do coração. Depois de me

57

examinar, ele disse que não tinha encontrado nada de errado comigo. Então me perguntou o que eu fazia em excesso. Eu disse que a única coisa que eu podia pensar era que eu fumava muito. Ele disse que tal reduzir para três em vez de vinte e quatro por dia? Topei e em uma semana minha dor desapareceu e eu parei de fumar completamente. Mamãe se importou, o dr. Weiss aconselhou, eu ouvi. *Tem muita gente dando conselhos neste mundo, e também gente que se importa e faz, e gente que ouve. Muitas vidas são salvas, mas tem muita gente que se excede, gente que fuma muito, que bebe muito, que toma drogas, e tem também os viciados em comida. Tudo isso pode causar doenças e às vezes coisa pior.*

Você queria uma casa. Eu saí em campo e consegui o dinheiro para você comprar a casa. Por quê? Porque eu me importo. Phil precisava fazer uma operação de hérnia. Levei ele para o médico e ele foi operado. O mesmo com Mamãe, depois dela sofrer por vinte e sete anos. Por quê? Porque eu me importei e faço as coisas. Os pais dela se importavam? Acho que sim, mas eu senti a dor dos dois e fiz alguma coisa, não deixei para depois. *Falo com o Jon e chateio ele, uso todo tipo de frase feita, de grão em grão a galinha enche o papo, de tostão em tostão se chega ao milhão, é mais fácil ganhar que guardar, algum dia um velho vai depender de você. E quando ele perguntou quem, eu falei que era você. Não digo a ele uma vez só, não. Fico repetindo, incomodando. Por quê? Porque ele se esquece, igual as pessoas que comem compulsivamente, igual os viciados em drogas etc. Por que eu continuo a insistir? Sei que estou enchendo o saco dele, mas se é gente que* me importa, *então vou tentar curar, mesmo se eles não gostarem ou não quiserem fazer nada, inclusive eu próprio. Luto muito com minha consciência, mas brigo com meus pensamentos errados.* Me importo *com as pessoas do* meu *jeito.*

Por favor me desculpa os erros. Nunca escrevi muito certo, mas agora estou pior, não enchergo muito bem.

O Chato (palavra errada, devia ser o Zeloso),
beijos
Papai.

Vou continuar sempre a chatear e me importar.
Sou assim com gente que eu gosto.

"Você e Lil brigaram?", perguntei quando entrei e o vi sozinho.

"Ela nunca fica por aqui, que diferença faz? Corre pra cá, corre pra lá. Quando ficou doente, tratei dela, fiquei à disposição para fazer tudo. Quero que ela se dane. Que vá embora. Eu estou bem. Não preciso de ninguém."

"Não gosto de me meter, mas será que essa é uma boa hora para arrumar uma discussão?"

"Eu não discuto com ninguém", ele disse. "Nunca discuto. Se lhe digo alguma coisa, é só para o bem dela. Se ela não quer ouvir, que se dane."

"Olhe, trate de vestir um suéter e calçar seu sapato de caminhada. Vou telefonar para Lil e, se ela quiser ir conosco, vamos dar uma volta. O dia está lindo e você não pode ficar sentado aqui dentro deste jeito, com as cortinas fechadas e tudo mais."

"Estou bem aqui."

Então eu disse seis palavrinhas que nunca tinha dito a ele em toda a minha vida: "Faça o que eu estou dizendo. Ponha o suéter e os sapatos de caminhada".

E elas funcionaram, essas seis palavrinhas. Eu tinha cinquenta e cinco anos, ele quase oitenta e sete e o ano era 1988: "Faça o que eu estou dizendo" — e ele fez. Fim de uma era, começo de outra.

Enquanto ele foi pegar no armário um suéter de um vermelho vibrante e um tênis, telefonei para Lil e perguntei se ela queria passear conosco.

"Seu pai vai sair para passear?", ela perguntou. "Verdade?"

"Vai, sim. Desça e venha conosco."

"Sugeri que fôssemos caminhar, que ia fazer bem para ele, e quase apanhei. Não quero criticar, Philip, mas a verdade é que ele só ouve você."

Eu ri. "E isso é capaz de não durar muito tempo."

"Estou descendo."

Fomos juntos até a farmácia, a três quarteirões de distância, passando diante dos velhos prédios de apartamentos e dos novos edifícios que estavam sendo construídos onde antes se erguiam as opulentas mansões vitorianas de Elizabeth. O mesmo trajeto que mamãe havia feito, num esforço excessivo, no dia em que morreu. Lil o segurava por um braço e eu pelo outro, porque ele tinha dificuldade de andar devido à perda de visão. Meses antes, ele aguardava pacientemente que a catarata no olho bom ficasse no ponto de poder ser removida. Agora, em vez de ter como perspectiva uma cirurgia simples que lhe restauraria a visão e, com ela — como presumia com absoluta confiança —, sua sadia independência, ele confrontava uma operação na cabeça que poderia matá-lo.

Enquanto caminhávamos, começou a desencavar reminiscências de forma um tanto desordenada. "Minha memória já não é a mesma", explicou.

Mas isso não era cem por cento verdadeiro. A sequência era muitas vezes aleatória e o foco ocasionalmente vago, mas a lógica de suas recordações sempre fora um pouco imprecisa, ainda nos tempos áureos. Ele sem dúvida não tinha a menor dificuldade de lembrar nomes de pessoas mortas havia vinte, trinta e mesmo quarenta anos, ou onde elas tinham morado, quais eram seus parentes e o que lhe disseram ou ouviram dele em momentos que nem tinham sido tão memoráveis.

Pelo lado da mãe de papai, havíamos pertencido a uma vasta rede familiar que terminara se organizando sob a forma de associação em 1939, no início da guerra na Europa. Na minha infância, a associação consistia em umas oitenta famílias residentes em Newark ou nas redondezas, e em outras setenta na área de Boston. Havia uma convenção anual e um grande piquenique no verão, uma publicação trimestral, uma canção da família, um selo e papel de carta próprios; a cada ano distribuía-se uma lista com os nomes e endereços de todos os membros da família, um Fundo para Dias Felizes ajudava os doentes e convalescentes, e um Fundo Educacional auxiliava os jovens a cobrir os custos universitários. Em 1943, Herman Roth se tornara o quinto membro de sua família nuclear e o segundo dos seus irmãos a ser eleito presidente. O primeiro vice-presidente era Harold Chaban, de Roxbury, Massachusetts. Harold era filho de Max Chaban e Ida Flaschner — o tio de Harold, Sam Flaschner, fora o pioneiro da família nos Estados Unidos. O segundo vice-presidente era Herman Goldstein, que vivia em Nova York. Goldstein era chapeleiro como Sender Roth, adorava jogar cartas com Liebowitz e se casara com Bertha, a sobrinha que tinha ido viver com a família na Rutgers Street quando chegou da Europa com sua irmã Celia em 1913. A tesoureira era Bessie — minha mãe —, a secretária sua cunhada Byrdine, mulher de Bernie, a historiadora sua irmã mais moça, Betty... Tudo isso foi contado a Lil e a mim quando começamos a caminhar pela North Broad Street.

"Naquela época", ele disse, "nossa associação familiar era uma das maiores e mais poderosas do país." No mesmo tom de voz, ele costumava me dizer que a Metropolitan Life era "a maior instituição financeira do mundo". Podíamos ser pessoas comuns, mas não faltava grandeza a nossas afiliações.

Sem mais nem menos, comentou: "Só havia judeus nesta área de Elizabeth quando Mamãe e eu nos mudamos de Newark. Não quando ela estava crescendo aqui, é claro. Aí eram só irlandeses. Todos católicos. Acabou. Espanhóis, coreanos, chineses, negros. A cara dos Estados Unidos está mudando a cada dia".

"É verdade", eu disse. "Um amigo meu chama a rua Catorze em Manhattan de Quinta Avenida do Terceiro Mundo."

"Quando meu pai vendeu a casa na Rutgers Street, foi para uma família italiana."

"Foi mesmo? Por quanto ele vendeu? Em que ano foi isso?"

"Eu nasci em 1901, eles se mudaram para a Rutgers Street em 1902, moramos lá durante catorze anos, por isso ela deve ter sido vendida em 1916. Seis mil dólares, foi isso que recebemos. O italiano pagou em moedas de cinco, dez e vinte e cinco centavos. Levou uma semana para contar tudo."

Ao nos aproximarmos da Salem Avenue, ele apontou para

o prédio de apartamentos na esquina. "Era aqui que a Millie morava."

Obviamente eu sabia disso; ela, o marido, Joe Komisar, e minha prima Ann tinham se mudado para lá havia muitos anos, quando eu estava na universidade. Millie era uma das duas irmãs mais moças de mamãe: morrera alguns meses antes, com setenta e oito anos, e, ao apontar para o prédio, ele não estava indicando o local onde ela não morava mais, e sim onde não vivia mais. Ela e Joe estavam enterrados em um dos lados da sepultura de mamãe; o outro estava reservado para papai. Era lá que Millie morava agora.

"Meu pai", ele disse, ao chegarmos perto da farmácia até onde minha mãe caminhara pela última vez na vida, "teve que bater no meu irmão mais velho, o Ed, para impedir que ele se casasse com uma mundana. Teve que bater nele."

Meu tio Ed, um brigão de pavio curto, costumava me levar para ver jogos de futebol americano quando eu era pequeno. Suas mãos enormes, o nariz quebrado e a mania de discutir sobre tudo me fascinavam por uma ou duas horas, mas, quando eu voltava para casa, sempre ficava feliz de me lembrar que ele era o pai da minha prima Florence e não o meu. "Você nunca me contou isso", comentei. "O vovô bateu nele?"

"Teve que. Salvou ele. Salvou-o daquela mulher."

"Quantos anos o Ed tinha?"

"Vinte e três."

Ele me contara essa história pela primeira vez quando eu tinha dezesseis anos e cursava o último ano ginasial. Não me lembro por quê, mas foi durante o jantar, quase no fim da refeição, e eu pulei da mesa num acesso de raiva, disparando para fora da sala quando ele concluiu: "Já não se aplica esse tipo de disciplina como antigamente". Mamãe fora ao meu quarto e tentara me fazer voltar para a sobremesa, pedindo que o perdoasse por ter dito alguma coisa que havia me ofendido tanto. "Por favor, faça isso por mim, seu pai não é um homem educado..." Mas fiquei firme e me recusei a ir comer gelatina com alguém que considerava uma forma louvável de disciplina fazer um homenzarrão de vinte e três anos — mesmo um sujeito tão teimoso como meu tio Ed — abandonar uma mulher na base da porrada.

Sem dúvida, tanto quanto eu papai havia se esquecido daquele incidente até que, trinta e nove anos depois, por alguma razão obscura, decidira contar de novo a história.

No entanto, o contador da história agora não inspirava nenhuma raiva. Fui eu quem, na verdade, lhe disse filosoficamente: "É, já não se aplica esse tipo de disciplina como antigamente".

"Não mesmo. Meu irmão Bernie, que sua alma descanse em paz, você sabe o que ele me disse quando lhe falei para não se casar com a Byrdine Bloch? Mais tarde, é claro, ficou comprovado que eu estava certo, porque, depois de vinte anos de casado e dois belos filhos, ele acabou se metendo naquele divórcio terrível que destruiu a família. Mas quando chamei a atenção dele sobre a Byrdine, quando eu disse 'Bernie, ela parece ter idade bastante para ser sua mãe — é isso mesmo que você quer?', sabe o que ele me disse, a um irmão mais velho que só queria lhe dar um alerta? 'Cuida da porra da tua vida.' Ficamos sem nos falar durante meses."

"Quando foi isso?"

"Isso? Deve ter sido... 1927. Casei com Mamãe em fevereiro e Bernie casou com a Byrdine em julho."

"Não sabia que vocês dois se casaram no mesmo ano."

Caminhávamos de volta agora. Ele ficou em silêncio por algum tempo. Então, como se houvesse entrevisto a solução de um problema intrincado após um longo e árduo esforço, começou a dizer: "É... é...".

"É o quê?", perguntei.

"Já estou vivo há muito tempo."

"O corretor de seguros aqui é você; você conhece as estatísticas. Nas tabelas atuariais, já alcançou uma idade avançada."

"Onde é o tumor?", ele perguntou pela segunda vez em dois dias.

"Na frente do tronco cerebral. Na base do crânio."

"Você viu as radiografias?"

Eu não queria que ele pensasse que acontecia muita coisa sem seu conhecimento, por isso menti. "Eu não ia entender nada se tivesse visto", respondi. "Olhe, é operável, lembre-se disso." Mas era exatamente isso que ele não podia esquecer e o que mais temia. "Se todos nós decidirmos que é a melhor opção, então o cirurgião extrai essa coisa e, depois de uma rápida convalescença, você volta a ficar em forma."

"Seria bom ter uns aninhos a mais."

"Você vai tê-los", eu disse.

Quando voltei na manhã de domingo, ele havia preparado um jogo de cálices de xerez para eu levar, cada qual embrulhado numa página da edição do domingo anterior do *Star-Ledger*, o conjunto estufando uma caixa de sapato. Ele nunca os usava, disse, não precisava daquilo, queria que Claire e eu os aproveitássemos no campo.

Desde a morte de mamãe, cada vez que vinha ficar conosco em Connecticut ele trazia alguma coisa num saco de papel, numa sacola de compras ou na pequena valise de lã axadrezada que permanecia a seu lado durante a viagem de três horas no táxi que mandávamos para ir buscá-lo em Elizabeth. Ao contrário dos cálices, em geral era um presente oferecido a ele e mamãe só por mim ou por mim e Claire, o qual, anos depois, era devolvido como se tivesse sido apenas emprestado ou dado para guardar. "Aqui estão aqueles guardanapos." "Que guardanapos?" "Da Irlanda." Irlanda? Isso teria sido em 1960, quando ganhei a bolsa da Guggenheim. Na época, eu e minha mulher havíamos feito uma parada na Irlanda, a caminho de casa, a fim de passear pela Dublin de Joyce. "Tem uma toalha também, da Espanha." 1971. A Barcelona de Gaudí. Ou: "Olha aqui o jogo de mesa. Acho que Mamãe não usou nem duas vezes. Para ela, era uma coisa especial, só usava com visitas". "Aqui estão as facas de carne." "Olha aqui o vaso de flores." "Estas são as xícaras de café." No começo, quando eu resistia e lhe explicava "Mas isso é seu, foi um presente", ele respondia, sem se dar conta de que a devolução podia ser insultuosa: "Para que eu preciso dessa droga? Olha só esse relógio. Um belo relógio que alguém nos deu. Deve ter custado uma fortuna. De que me serve isso?".

O relógio custara uns duzentos dólares na Hungria em 1973. Eu o havia dado a mamãe, um pequeno relógio de porcelana com um desenho de flores do tipo que ela gostava, comprado num antiquário de Budapeste na viagem de retorno após visitar amigos em Praga na primavera. Mas o recebi de volta em silêncio. Pouco a pouco peguei tudo de volta, chocado toda vez por sua insensibilidade pelo valor sentimental — e mesmo material — de objetos que indicavam o amor das pessoas de quem ele mais gostava. Estranho, eu pensava, encontrar esse ponto cego num homem cujo relacionamento familiar tinha componentes tão tirânicos do ponto de vista emocional — ou talvez nada houvesse de estranho naquilo: como é que, para ele, meras lembrancinhas podiam guardar dentro de si a força arrasadora dos laços de sangue? Peça por peça, recebi todas de volta como um bem treinado funcionário da seção de devoluções de uma excelente loja de departamentos, embora pensando se, ao embrulhar aqueles presentes em jornais velhos e socá-los em caixas de todo tipo, ele não estaria preocupado apenas em reduzir o número de pertences com que teríamos de nos aborrecer após seu enterro. Ele era capaz de um realismo cruel, mas eu não era filho dele à toa, e também podia ser bastante realista.

Nessa ocasião, em vez de aceitar silenciosamente as peças devolvidas, lembrei-o de que eu ainda estava hospedado num hotel em Nova York, não sabia quando voltaria a Connecticut e preferia que ele continuasse com os cálices.

"Pegue", insistiu, "quero me livrar deles."

"Papai", eu disse, pondo a caixa de sapato em cima do aparador onde eu presumia que os cálices houvessem sido guardados todos aqueles anos, "eles são a menor das suas preocupações."

No entanto, revirar o apartamento em busca da próxima coisa para devolver, achar os cálices, embrulhá-los em folhas de jornal, encontrar a caixa de sapato — isso infundira algum propósito ao seu dia, oferecera um pequeno alívio diante de tudo que se encontrava brutalmente fora de prumo. Agora só lhe restava assustar-se de novo. De repente, me senti mal por não lhe ter permitido fazer o que queria, por não ter simplesmente levado a droga daquelas coisas para o hotel. Mas eu também sentia a pressão.

"Fui assim a vida toda", ele disse, desabando com ar infeliz no seu canto do sofá.

"Assim como?"

"Impulsivo."

Eu não estava acostumado a ouvir esse tipo de autocrítica dele e me perguntei se isso seria mesmo algo tão maravilhoso. Com oitenta e seis anos e um tumor enorme no cérebro, melhor continuar a usar os antolhos que, no curso de uma vida inteira, haviam lhe permitido puxar a carga para a frente, sem nenhum desvio.

"Eu não me preocuparia com isso. Além de impulsivo, você também sabe ser cauteloso e prudente. Você oscila. Todo mundo é assim."

Mas algo o corroía, e ele não se deixou consolar.

"No que está pensando?", perguntei.

"Dei meus tefilins. Me livrei dos meus tefilins."

Tefilins são duas caixinhas de couro contendo breves textos bíblicos que os judeus ortodoxos amarram ao corpo com correias de couro — uma cingindo a cabeça, a outra o braço esquerdo — durante as preces matinais dos dias úteis. Na época em que papai era um corretor de seguros superatarefado, ser judeu, para ele, não tinha muito a ver com o culto formal e, como muitos pais da primeira geração nascida nos Estados Unidos, ele só frequentava a sinagoga nos grandes feriados ou quando alguém morria. Em casa, não observava ritual algum. Desde que havia se aposentado, contudo, e em especial na última década de vida de mamãe, os dois passaram a participar dos serviços na maioria das noites de sexta-feira. E embora ele não chegasse a usar os tefilins de manhã, seu judaísmo passou a se centrar na sinagoga, no serviço e no rabino, como não ocorria desde a sua infância.

O templo ficava a uns cem metros, numa pequena rua perpendicular à avenida North Broad, ocupando uma velha casa alugada pela pequena congregação de gente idosa das redondezas que mal conseguia cobrir os custos de manutenção da sinagoga. Para minha surpresa — e talvez porque não pudessem pagar outra pessoa —, o cantor litúrgico nem era judeu, e sim um búlgaro que trabalhava para uma casa de leilões de Nova York durante a semana e para o pequeno grupo de judeus de Elizabeth no Shabat após o serviço. Às vezes ele os divertia com canções dos musicais *Yentl* e *O violinista no telhado*. Meu pai adorava a voz profunda do búlgaro e o tinha como amigo. Também gostava muito do estudante de uma *yeshiva* que vinha de Nova York para conduzir os serviços no fim de semana, um jovem de vinte e três anos que papai chamava com todo o respeito de "rabino" e às vezes dizia ser um sábio.

Por mais simplórias que fossem suas manifestações, esse anseio na velhice por uma religião formalizada passava longe da hipocrisia ou do decoro convencional: na verdade, o consolo que ele parecia obter ao ir regularmente à sinagoga — o senso de unidade que isso outorgava a toda uma longa vida e a comunhão com seus pais que ele me disse lá sentir — fazia de sua atitude de "se livrar" dos tefilins um dos exemplos mais enigmáticos de seu arraigado hábito de abrir mão de objetos antes valorizados. Dada a ponte sentimental que a crença judaica agora parecia lhe propiciar entre o isolamento da velhice e a vida agitada e repleta de gente que praticamente havia desaparecido, eu teria imaginado que, em vez de se desfazer dos tefilins, papai redescobriria algo do antigo poder fetichista deles se pudesse simplesmente contemplá-los.

Mas imaginar aquele homem idoso manuseando contemplativamente os tefilins havia muito abandonados era, na verdade, uma tremenda apelação sentimental, algo tirado de uma paródia judaica de *Morangos silvestres*. O modo pelo qual papai se desfez dos tefilins revela uma imaginação bem mais ousada e misteriosa, inspirada numa mitologia simbólica tão excêntrica quanto a de Beckett ou Gogol.

"A quem você deu os tefilins?", perguntei.

"A quem? A ninguém."

"Você jogou fora? No lixo?"

"Não, não, claro que não."

"Deu para a sinagoga?" Eu não sabia o que se devia fazer com os tefilins quando eles não eram mais usados, mas com toda a certeza, pensei, haveria alguma prática religiosa de descarte supervisionada pela sinagoga.

"Você conhece o Centro Comunitário Judaico?", ele me perguntou.

"Conheço."

"Três ou quatro manhãs por semana, quando eu ainda dirigia, eu ia lá nadar, bater papo, peruar o jogo de cartas..."

"E?"

"Bom, é lá que eu ia. O Centro... levei os tefilins num saco de papel. O vestiário estava vazio, deixei eles... num dos armários."

A maneira reticente com que revelou os detalhes, assim como a perplexidade que ele próprio parecia sentir ao rever agora a trama que idealizara para se livrar dos saquinhos, me levaram a aguardar um pouco antes de fazer outras perguntas.

"Estou curioso", acabei dizendo. "Por que você não procurou o rabino? Por que não pediu que ele o ajudasse a dar um destino a eles?"

Meu pai deu de ombros, e compreendi que ele não quis que o rabino soubesse de suas intenções por temer que um jovem de vinte e três anos, muito respeitado por ele, estranhasse que um judeu quisesse se desfazer de seus tefilins. Ou eu também estaria errado sobre isso? Talvez ele nem tivesse pensado no rabino, aquele dar de ombros podia ser uma indicação disso, quem sabe a ideia houvesse surgido de repente, a compreensão de que, naquele local secreto em que homens judeus se mostravam nus sem nenhum pejo, ele teria condições de dar sumiço nos tefilins com toda a tranquilidade, compreendendo que o lugar onde os objetos não correriam risco, onde não seriam profanados ou violados, era no meio daquelas barrigonas e daqueles colhões de judeus. Quem sabe o ato não significava sua vergonha diante de um jovem aprendiz de rabino, e sim a afirmação de que o vestiário masculino do Centro Comunitário do bairro estava mais próximo do judaísmo que ele vivia do que o escritório do rabino na sinagoga — que nada seria *mais* artificial do que levar os tefilins para o rabino, mesmo que ele tivesse cem anos de idade e uma barba que chegasse ao chão. Sim, o vestiário do Centro — onde eles tiravam a roupa, suavam e fediam, onde, como homens em meio a outros homens, conhecendo cada reentrância de seus corpos velhos, gastos e deformados, joga-vam conversa fora e contavam piadas indecentes, e onde, vez por outra, fechavam negócios — aquele era o verdadeiro templo de-les e onde todos se mantinham judeus.

Não perguntei por que ele não entregara os tefilins a mim. Não perguntei por que, em vez de me devolver todos aqueles guardanapos, toalhas e serviços americanos, ele não me dera os tefilins. Eu não os teria usado para rezar, mas talvez os tives-se guardado com carinho, principalmente depois de sua morte. No entanto, como ele poderia saber disso? Provavelmente pen-sava que eu iria zombar da ideia de ele estar me passando seus tefilins — e quarenta anos antes ele teria tido razão.

Não perguntei porque percebi que, se o fizesse, eu lançaria nós dois de volta àquele cenário melodramático do qual eu apa-rentemente não conseguia me libertar. Conquanto improvável, no caso dos tefilins minha imaginação é que derrapava para o sentimentalismo previsível, enquanto a dele mostrava a hones-tidade de um talento genuinamente anômalo, impelido pelos sentimentos mais elementares e capazes de infundir intensidade ritualística até mesmo a um gesto bem tolo.

"Bem", eu disse quando ficou claro que ele nada mais tinha a me contar, "um dos seus companheiros do Centro deve ter tido uma boa surpresa quando saiu da piscina. Deve ter pen-sado que havia acontecido um milagre. Ele tinha deixado os tamancos no chão do armário e, bingo, eles viraram tefilins!

Uma prova não apenas da existência de Deus, mas de um Deus muito generoso..."

Ele nem sorriu ao ouvir isso — talvez porque não tivesse entendido, ou talvez porque tivesse. "Não", respondeu com toda a seriedade, "o armário estava vazio."

"Quando você fez isso?"

"Em novembro. Uns dias antes de irmos para a Flórida."

Então, provavelmente, ele estava pensando o seguinte: "Se eu morrer na Flórida, se eu não voltar... os tefilins não podem acabar numa lata de lixo".

"No dia 30 de novembro fomos para West Palm. Carreguei as malas do local de entrega das bagagens até a fila de táxis — estava me sentindo ótimo. E na manhã seguinte, na minha primeira manhã na Flórida, acordo e tinha acontecido isso enquanto eu dormia." Mais uma vez empurrou a bochecha caída com a ponta dos dedos para ver se ela ficava no lugar. "Me olhei no espelho, vi meu rosto e entendi que minha vida nunca mais seria a mesma. Vem cá", ele disse, "venha até o quarto."

Eu o segui pelo corredor, passando pelas fotografias ampliadas dos filhos de meu irmão, tiradas havia vinte e cinco anos, quando eram garotinhos em férias em Fire Island. Era bem mais fácil entender por que ele não tinha pensado em dar os tefilins a Seth ou a Jonathan do que não ter pensado em dá-los a mim. Meus sobrinhos, criados numa cultura secular, sem o menor conhecimento do judaísmo, só eram judeus no nome; meu pai, assim como mamãe, os adorava, se preocupava com eles, os elogiava, lhes dava presentes em dinheiro — e muito mais conselhos do que eles gostariam de ouvir —, porém não era ingênuo de pensar que eles soubessem o que eram os tefilins, e muito menos que quisessem possuí-los.

Quanto a meu irmão, papai provavelmente imaginou que Sandy seria tão refratário quanto eu a tal herança, embora me pareça que Sandy ficaria sensibilizado com o memento não por seu significado religioso, mas por ser uma lembrança concreta de nosso passado, por ser algo que, como eu, ele tinha visto por anos e anos cuidadosamente guardado num saco de veludo numa gaveta do aparador da sala de jantar do apartamento onde crescemos. Entretanto, sendo papai quem era, não se poderia esperar que ele entendesse isso. Como todos nós, ele só entendia o que entendia, mas então entendia para valer.

Eu não conseguia mais entrar no quarto de papai sem me lembrar da noite seguinte à morte de mamãe — e da tarde em que cheguei da Inglaterra —, quando dormi com ele na cama de casal. Sandy e Elen tinham ido passar a noite na casa de subúrbio deles em Englewood Cliffs, onde Seth e Jon, agora jovens trabalhadores, ainda viviam, mas que meu irmão pensava vender em breve, pois seu novo emprego era em Chicago.

Em maio de 1981, com setenta e nove anos, papai estava em grande forma e impressionantemente vigoroso, mas, vinte e quatro horas após a morte da mulher num restaurante de frutos do mar, sua aparência era quase tão ruim quanto agora, depois que o tumor o havia desfigurado. Naquela primeira noite em que ficamos juntos, antes de deitar lhe dei cinco miligramas de Valium e um copo de leite quente para ele tomar com o comprimido. Ele era contrário a calmantes e soníferos, criticava veementemente qualquer um que dependesse deles em vez de, como ele fazia, se valer da força de vontade, porém aceitou o Valium nas semanas seguintes sem fazer nenhuma pergunta quando eu disse que aquilo o ajudaria a dormir (embora depois, talvez para aliviar sua consciência, tenha se referido ao remédio como Dramamine). Após cada qual haver passado pelo banheiro, pusemos o pijama e nos deitamos lado a lado na cama onde ele dormira com mamãe duas noites antes, a única no apartamento. Apagada a luz, peguei a mão dele e a segurei como quem segura a mão de uma criança com medo do escuro. Ele soluçou por um ou dois minutos — e, depois que ouvi a respiração pesada e irregular de quem caiu num sono profundo, me virei para o lado, tentando também descansar.

Como eu não tinha tomado Valium, trinta minutos depois estava inteiramente acordado quando o telefone tocou na mesinha de cabeceira ao meu lado. Agarrei-o de um golpe para não acordar papai e ouvi alguém rindo. "Quem é?", perguntei, mas a resposta foi um riso ainda mais frenético. Desliguei sem saber se era um trote dado ao acaso ou coisa deliberada de algum louco que seguia os obituários do jornal local (onde a morte de mamãe fora anunciada de manhã) e telefonava para as famílias das pessoas falecidas a fim de ter um momento de prazer mórbido. Quando o telefone voltou a tocar menos de um minuto depois — o radiorrelógio de mostrador luminoso ainda assinalava onze e vinte —, entendi que não se tratava de um erro inocente. Mais uma vez ouvi o riso doentio de alguém que triunfou sobre um inimigo, o sadismo exultante de um vingador vitorioso.

Após desligar de novo, saí da cama e corri até a extensão da sala de visitas para tirar o fone do gancho antes que a campainha soasse uma terceira vez. Deixei assim até as seis da manhã seguinte, quando me levantei e fui até a sala de visitas sem fazer barulho para que papai não me perguntasse nada. Eu estava no banheiro quando o telefone tocou outra vez por volta das sete. Papai atendeu. Quando saí e perguntei quem havia ligado tão cedo, ele respondeu com raiva "Ninguém", mas estava claro o que havia acontecido. "Quem era?", repeti, e dessa vez ele descreveu as gargalhadas que ouvira. "Deve ser algum maluco", comentei, sem mencionar as chamadas que havia atendido na noite anterior. "É o Wilkins", ele disse. "Quem é esse Wilkins?" "Do outro lado da rua." "Como você sabe que é ele?" "Sei que é." "O que ele tem contra você?" "É um cão fascista. Odeia os judeus. Vive sozinho. Não tem um único amigo no mundo. Só um vira-lata. Põe adesivos antissemitas em toda a lavanderia. Na *nossa* lavanderia. Não pede licença, simplesmente vem para cá e prega os adesivos." "Então você disse a ele para não fazer isso." "Eu vi e, naturalmente, disse a ele para não fazer aquilo. E no dia seguinte ele pôs mais. Quando eu vi o que ele fez, arranquei tudo. Telefonei para ele. Falei que a lavanderia não era para isso. Era para as pessoas lavarem suas roupas em paz, não para fazer campanhas políticas." "O que mais você disse para ele?" "Contei, caso não soubesse, o que

72

os judeus vêm sofrendo por dois mil anos." "Tem certeza que é ele?" "É o Wilkins, sim. Vou pegar ele", disse, quase como se falasse para si próprio, "vou pegar o filho da puta." "Papai, não se chateie com isso, pelo jeito já pegaram ele. Um homem que ri da desgraça dos outros já está bem punido. Esquece. Vamos nos aprontar agora, temos um dia bastante movimentado pela frente."

Enterramos mamãe ao meio-dia, por volta da uma da tarde ele começou a esvaziar o armário e as gavetas dela, às dez e meia da noite estávamos deitados outra vez na cama de casal. Às onze e vinte, enquanto papai dormia e eu estava de novo acordado, pensando no que seria dele e onde mamãe estaria, o telefone tocou. O riso começou tão logo atendi. Ouvi por um bom tempo com o fone apertado contra a orelha. Como a pessoa que fazia a chamada não parava de rir nem desligava, eu disse baixinho, envolvendo o bocal com a mão para não acordar papai: "Wilkins, se você fizer esta merda mais uma vez, só mais uma vez, vou até a tua porta com o meu machado. Tenho um machado bem grande, Wilkins, e sei onde você mora. Vou derrubar tua porta com meu machado e então vou entrar e cortar você em dois como se fosse uma tora de madeira. Por acaso você tem um cachorro? Vou transformar seu cachorrinho numa linguiça, Wilkins. Com a ajuda do meu machado, vou enfiar ele pelo teu cu e pela tua garganta para vocês dois virarem uma coisa só. Se você telefonar para meu pai mais uma vez, de dia ou de noite, *basta uma vez mais*, seu louco, seu tarado, seu monstro, vou pegar a porra da tua cabeça e, quando eu acabar...".

Meu coração bombeava sangue como se servisse a dez pessoas e meu pijama estava empapado de suor como se eu tivesse atravessado a noite com um acesso de malária, mas do outro lado da linha se fez silêncio.

No quarto — onde a mobília de mogno não reluzia mais como quando mamãe tomava conta da casa, onde agora dava para escrever as iniciais do nome na poeira que cobria as superfícies —, papai me mostrou, no centro da gaveta de cima do armário, a caixinha de metal onde mantinha o testamento, a apólice de seguro e os carnês de poupança. Havia também uma lista dos certificados de depósito e bônus municipais. "Todos os meus papéis, e aqui está a chave do cofre do banco."

"Está bem."

"Fiz como você me falou. As contas de poupança agora são todas em conjunto com o Sandy."

Pegou os carnês de poupança — quatro ao todo — para mostrar que o nome de meu irmão agora constava abaixo do dele como titular da conta. Folheando os carnês, vi que as economias chegavam a quase cinquenta mil dólares; os certificados de depósito e os bônus alcançavam outros trinta mil dólares — eles também seriam herdados por meu irmão.

"O seguro de dez mil dólares vai para você", ele disse. "Lembro o que você falou, mas eu precisava fazer isso, não podia deixar você sem receber nada."

"Está bem", eu disse.

Quando o visitei na Flórida dois ou três anos após a morte de mamãe, a questão do testamento foi suscitada e eu lhe disse que deixasse todo o dinheiro para Sandy dividir, como quisesse, entre ele e os dois filhos. Expliquei que eu não precisava de dinheiro e que as parcelas de Seth e Jonathan poderiam ser importantes para eles caso o montante total fosse dividido em dois ou, no máximo, em três. Falei aquilo para valer, confirmei depois numa carta dirigida a ele e desde então não havia mais pensado no testamento.

Mas agora, com sua morte deixando de ser algo remoto, saber que ele fora em frente e, com base no meu pedido, praticamente me eliminara como um de seus herdeiros provocou uma reação inesperada: me senti repudiado — e o fato de que a exclusão havia sido causada por mim em nada mitigou o sentimento de ter sido rejeitado por ele. Eu tinha feito um gesto generoso que também se encaixava, assim supunha, nos discursos de igualdade e autorrealização que eu fizera a papai desde o começo da adolescência. Cumpria também admitir que se tratava de uma tentativa bastante característica de assumir uma postura de superioridade moral dentro da família, definindo-me aos cinquenta anos — da mesma forma que eu fizera na universidade e mais tarde como um jovem escritor — como um filho para quem as considerações materiais eram praticamente irrelevantes. Mas me senti arrasado por ter feito aquilo: ingênuo, bobo, arrasado mesmo.

Para meu grande desgosto, ali de pé ao lado dele, vendo o testamento, descobri que eu queria minha parte da sobra financeira acumulada durante uma vida inteira, contra todas as probabilidades, por aquele homem obstinado e resoluto que era meu pai. Queria porque o dinheiro lhe pertencia e eu, como seu filho, tinha direito a um quinhão. E queria também porque, embora não se tratasse de um pedaço genuíno de seu couro de trabalhador, era uma forma de corporificação de tudo que ele superara e a que sobrevivera. Era o que ele tinha para me dar, era o que havia desejado me dar, o que me era devido pelos usos e costumes e pela tradição — por que cargas-d'água eu não tinha calado a boca e permitido que as coisas seguissem seu curso natural?

Será que eu não me achava digno daquilo? Será que considerava meu irmão e seus filhos mais merecedores como herdeiros do que eu, talvez porque meu irmão, ao lhe dar netos, houvesse conquistado mais legitimidade como herdeiro de um pai do que o filho que não havia procriado? Será que eu era o irmão mais novo que de repente se tornara incapaz de fazer valer seus direitos contra a antiguidade de alguém que tinha chegado antes? Ou, pelo contrário, será que eu era o irmão mais novo que acreditava já haver usurpado demais as prerrogativas de um irmão mais velho? De onde viera exatamente esse impulso de abandonar meu direito sobre a herança? Como teria tal impulso vencido com tamanha facilidade as expectativas que eu agora, tardiamente, descobria que um filho *tem o direito* de acalentar?

Mas isso havia acontecido comigo mais de uma vez na vida: eu já havia me recusado a permitir que as convenções ditassem minha conduta, e terminara aprendendo, após fazer o que bem entendia, que os meus sentimentos básicos eram às vezes mais convencionais do que a minha noção de um imperativo moral inabalável.

Durante o passeio que fizemos à tarde, quando conduzi papai bem devagar duas vezes em volta do quarteirão, não fui capaz de lhe dizer, por mais que quisesse — e por mais humilhante que pudesse ser a confissão do erro —, que eu gostaria de ver reinstituída a parte originalmente atribuída a mim no testamento. E a razão disso é que, muitos anos antes, meu irmão tivera de fornecer sua assinatura para ter acesso às contas de poupança, ele já sabia das mudanças no testamento, e nem mesmo os trinta ou quarenta mil dólares pareciam justificar a possível eclosão de uma briga familiar ou dos sentimentos sabidamente associados aos ajustes de última hora numa herança. Além disso, havia meu orgulho — ou, quem sabe, a arrogância do orgulho. Em suma, pelos mesmos motivos que provavelmente haviam contribuído para eu lhe dizer que desse o dinheiro aos outros, agora me via impossibilitado de revogar as instruções.

É assim que a gente aprende com os próprios erros. "Deixe estar", eu pensei, "o valor em dinheiro é o preço a pagar pela chance de saborear, mais uma vez, sua forma cômica e automática de querer bancar o superior."

No entanto, se era tarde demais — ou difícil demais — para exigir meu quinhão original, eu bem sabia o que desejava em lugar do dinheiro. Mas descobri que também era incapaz de pedir *aquilo*. Pelo menos, não diretamente. Autoconfiante até o final! Independente até o final! O filho que declarava perpetuamente sua autonomia! *Não preciso de nada.*

"Me fala sobre a tigela de barbear do vovô", eu disse. "Vi a tigela lá no banheiro. Onde ficava a barbearia dele? Você lembra?"

"Claro que lembro. Bank Street. Descendo o Wallace Place, onde ficava o hospital alemão, na esquina do Wallace Place com a Bank Street. Tinha uma barbearia na Bank Street e, quando eu era garoto, íamos lá para cortar meu cabelo e papai fazer a barba. Na tigela estava escrito 'S. Roth' e uma data, e ela ficava guardada na barbearia."

"Como você conseguiu a tigela?"

"Como eu consegui? Boa pergunta. Deixa eu ver. Acho que eu não consegui. Não. Não consegui. Peguei do meu irmão Ed. É isso. Quando mudamos da Rutgers Street, papai levou a tigela para a Hunterdon Street e passou a ir na barbearia da Johnson Avenue com a Avon Avenue. Ed pegou a tigela quando papai morreu e eu peguei dele. Acho que foi a única coisa que deixaram para mim. E nem foi deixada para mim. Peguei ela."

"Você queria muito ela", eu disse.

"Queria mesmo", ele respondeu, rindo, "desde que eu era bem pequeno."

"Quer saber de uma coisa?", eu disse. "Eu também."

Ele sorriu para mim com a metade da boca que ainda podia se mexer. "Lembra quando fomos te visitar em Roma, eu e Mamãe, e você me levou para fazer a barba?"

"Lembro. Na Via Giulia, naquela barbearia minúscula. Esse talvez tenha sido o melhor momento para mim de todo aquele ano", eu disse, relembrando as batalhas conjugais travadas diariamente no pequeno apartamento da Via di Sant' Eligio (a que se chegava dobrando a esquina da Via Giula) que tive a infelicidade de dividir com uma esposa infeliz durante o tempo que passei na Itália graças à bolsa de três mil e duzentos dólares mensais da Guggenheim. "Eu caminhava até a barbearia à tarde, depois que acabava de escrever. Meu grande luxo. O barbeiro se chamava Guglielmo. Queria falar o tempo todo sobre o Caryl Chessman. Tinha orgulho do seu inglês. Toda vez que eu entrava, dizia '*Happy birthday, Maestro, Fourth of July*'. Toalhas quentes, pincel enorme, navalha de lâmina reta, no fim ele me dava uns bons tapas com a mão empapada de loção de hamamélis. E tudo isso pelo equivalente a uns quinze centavos. 1960. Você era um pouco mais velho do que eu sou hoje."

"Eu costumava fazer a barba com o Bill Eisenstadt, que ele descanse em paz. Lembra do Bill?"

"Claro. Bill e Lil, e o filho deles, Howie."

"A barbearia em Clinton Place, dobrando a esquina do ginásio. Custava vinte e cinco centavos. Só mesmo o Bill... foi o último lugar em que a gente podia se barbear por vinte e cinco centavos em Newark."

De Bill Eisenstadt, ele passou para Abe Bloch, daí para Max Feld, daí para Sam Kaye e daí para J. M. Cohen, figuras totêmicas de minha primeira infância, corretores de seguro que também trabalhavam na Metropolitan, jogadores de cartas da nossa cozinha nas noites de sexta-feira, companheiros, junto com as mulheres e os filhos, nos piqueniques do Memorial Day na Reserva da Montanha do Sul — os "soldados de infantaria" com quem ele coletava de porta em porta a "dívida de cor", chegando em casa tarde da noite com as roupas cheirando acridamente a óleo de cozinha barato. "Havia famílias de negros", ele então me contou, "ainda pagando os prêmios vinte, trinta anos depois da morte do segurado. Três centavos por semana. Era isso que coletávamos." "Por que eles continuavam a pagar?" "Nunca diziam nada ao corretor. Alguém morria e eles nunca mencionavam isso. O corretor de seguros batia na porta e eles pagavam." "Incrível", comentei, embora não fosse a primeira vez que ouvia histórias sobre as estranhas noites em que ele recolhia tostões dos cidadãos mais miseráveis de Newark, histórias sobre seus trinta e oito anos na Metropolitan — Bill, Abe, Sam e J. M. Cohen, como ele me lembrava com frequência, já tinham partido havia muito deste mundo.

E, dos poucos amigos vivos, não havia muita coisa boa para contar. "Louie Chesler está no hospital, mijando sangue. Ida Singer, quase cego. Milton Singer não pode mais andar, vive numa cadeira de rodas. Turro — lembra do Dick Turro? — está com câncer, pobre coitado. Bill Weber nem sabe quem eu sou quando telefono. 'Herman, Herman o quê? Não conheço nenhum Herman.' Está vivendo agora com a Frankie, mas ela disse que vão interná-lo."

Era assim que ele conseguia não ficar inteiramente fixado em seu tumor, falando, em vez disso, dos mortos de longa data, dos moribundos e daqueles amigos que estariam melhor se morressem.

No dia seguinte, fui de carro a Elizabeth pegar papai para levá-lo ao Hospital Universitário na Springfield Avenue, em Newark, onde ele teria uma consulta sobre a cirurgia com o neurocirurgião, o dr. Meyerson. Lil e ele logo começaram a discutir quando perguntei qual o melhor caminho para chegar ao consultório. Acontece que Lil estava pensando no consultório de Meyerson em Millburn, aonde ela tinha ido com papai na primeira vez em que ele consultara o médico, enquanto meu pai estava falando de como chegar ao consultório do hospital, onde a segunda consulta fora marcada sem que Lil soubesse disso. No carro, ele conseguiu manter o desentendimento ainda aceso por algum tempo mesmo depois que a confusão foi desfeita.

Papai só se aquietou quando saí da Elizabeth Avenue para entrar na Bergen Street e comecei a rodar pelos quarteirões mais desolados da Newark negra. O que na minha infância tinham sido artérias comerciais apinhadas de gente de classe média baixa, sobretudo judeus, eram agora ruas ladeadas quase inteiramente por prédios queimados, fechados com tábuas ou em ruínas. Só se viam negros desempregados — ou, de qualquer modo, negros agrupados nas esquinas aparentemente sem nada para fazer. Não era o tipo de cena capaz de aliviar os pensamentos sombrios de três pessoas a caminho de uma consulta com um neurocirurgião. No entanto, no restante do trajeto até o hospital, papai esqueceu o encontro que o aguardava e, em vez disso, teceu reminiscências, no seu jeito aleatório, sobre quem tinha vivido e trabalhado naquelas redondezas durante sua infância, antes da Primeira Grande Guerra, imigrantes judeus e suas famílias fazendo das tripas coração para sobreviver e prosperar.

"O sr. Tibor morava ali. Acho que era húngaro. Fez o meu terno de aniversário, e as calças ficaram curtas demais. Aí não pude ir à formatura."

"Por que as calças eram curtas demais?", perguntei.

"O terno era imprestável. Ali morava a família do Al Schorr. Meu Deus, ainda está de pé. Lembra do Al?"

"Claro. Como poderia esquecer do Al e da voz dele?"

"É verdade, ele teve aquela voz de sapo coaxando a vida toda. Estridente e profunda ao mesmo tempo. Já falava assim quando era pequeno. Al foi expulso da turma dele e veio para a minha. Botei ele como tesoureiro da turma, eu era o presidente. No dia da formatura, sobrou algum dinheiro e fomos ao centro da cidade gastar tudo."

"Entendo, 'sobrou algum dinheiro'. Quando um assaltante mascarado entra num banco com uma arma na mão, geralmente diz alguma coisa assim ao caixa: 'Me desculpe, por acaso o senhor tem algum dinheiro sobrando?'."

Minhas palavras iluminaram por alguns segundos seus pensamentos soturnos. "Bem", papai disse, "o Al era um grande sujeito. Não fazia isso usando uma arma. Fazia com uma gargalhada. Fazia tudo rindo. Trabalhou comigo até que o despedimos. Arranjei emprego para ele como corretor de seguros. Todos os empregos que ele teve fui eu que arranjei. Mas ele estava roubando e me disse: 'Ei, eles estão atrás de mim, Herman, a polícia está atrás de mim'. 'Olha', eu digo, 'aqui estão cinco dólares, vai fazer uma sauna em Nova York.' Dei a ele os cinco dólares e ele foi para Nova York. Depois voltou, pagou à companhia e eu arranjei um emprego para ele com Louie Chesler. Como vendedor. Eu lhe disse que, se ele roubasse a Louie, eu dava um tiro nele. Ele trabalhou para o Shuberts em Newark. No cinema. As pessoas rasgavam as entradas em duas. Ele pegava do chão, colava os pedaços, punha numa caixa e roubava o dinheiro. A mãe dele teve que pagar. Sei lá quanto, dois, três mil dólares. A professora expulsou ele da turma, foi assim que ficamos amigos. No primeiro dia de aula, ele deu uma olhada na turma da oitava série... Você sabe o que é uma *pishka*?", meu pai me perguntou de repente, interrompendo a história.

"Óbvio que eu sei. Uma caixa de coleta de dinheiro. Onde é que você acha que eu fui criado? Em Montana?"

"Bem, o Al passou os olhos pela sala e disse para a professora, naquela voz de sapo: 'Se eles pintarem esta sala, eu ponho dez centavos na *pishka*'. Mas *ela* não sabia o que era uma *pishka* e expulsou ele da sala. Aí ele foi para a minha classe, senti a força dele e fiz dele um tesoureiro. Eu era o presidente. A escola da Décima Terceira Avenida. Meu Deus, lá está ela, a minha escola."

Meyerson, que David Krohn me assegurara ser um dos melhores neurocirugiões de Nova Jersey, era um sujeito feioso e gorducho, de quarenta e poucos anos, gentil e que se mostrou extremamente amistoso desde o primeiro momento. Depois de se acomodar atrás da escrivaninha, olhou para mim e perguntou quais as dúvidas que eu tinha. Apontei para papai, que, com uma expressão pavorosamente lúgubre, estava sentado entre Lil (que o médico chamara de 'sra. Roth') e a principal enfermeira de Meyerson (que, segundo nos foi dito, sempre participava das consultas pré-operatórias). "Meu pai tem as perguntas", respondi. "Vá em frente, papai. Pergunte ao dr. Meyerson tudo que quer saber."

Eu lhe havia dito que anotasse e levasse para a consulta todas as perguntas sobre a operação que vinha me fazendo nos últimos dias. Ele as escrevera a lápis, na caligrafia laboriosa e esparramada típica de um camponês, com a maioria dos substantivos em letras maiúsculas, mas pouquíssimas palavras grafadas incorretamente. Ele me mostrara a lista antes de sairmos de casa e eu havia pensado: "Quero essa lista. A lista e a tigela de barbear são tudo que eu quero".

Papai tirou o papel pautado do bolso e o abriu no colo. "Um", começou, "qual é o procedimento?" Ergueu os olhos para Meyerson. "Desculpe minha ignorância, doutor."

Meyerson voltou-se para trás e, numa estante em que se amontoava meia dúzia de livros de medicina numa das extremidades, pegou um pequeno modelo de plástico pintado do cérebro e do crânio. Girando-o numa das mãos e apontando

81

com um lápis, explicou onde o tumor estava localizado e onde pressionava o interior do cérebro. Na parte de trás do crânio, mostrou onde podia cortar a fim de removê-lo. "Só vamos levantar o cérebro aqui um pouco para tirar o que está crescendo embaixo dele."

A ideia de que ele iria "levantar" o cérebro de papai me chocou. Não imaginava que fosse possível fazer isso com o cérebro sem causar um desastre. E, tanto quanto eu sabia, era mesmo impossível.

"O que é que o senhor usa para chegar lá dentro?", papai perguntou. "General Electric ou Black and Decker?"

Ele parecia tão velho e tão derrotado que me surpreendeu sua mordacidade e a coragem que demonstrava.

A resposta do médico mostrou sua serena objetividade. "As companhias de equipamentos cirúrgicos fabricam os instrumentos."

Papai retornou às perguntas preparadas. "Dois. O tumor vai voltar a crescer?"

"Com o tempo, é possível", respondeu Meyerson. E agora ele é que foi ligeiramente irônico. "Talvez tenhamos que repetir a operação daqui a uns dez ou quinze anos."

Papai registrou a informação secamente, com um único e longo aceno da cabeça. "Três", ele disse, voltando de novo à lista. "É muito doloroso?"

"Não, não é muito doloroso", Meyerson respondeu. "O senhor vai se sentir muito indisposto depois. Vai ter febre alta. Vai se sentir muito debilitado."

A enfermeira de Meyerson — uma mulher de meia-idade, pequena mas cheia de energia, que vestia roupas de rua e tinha se mostrado tão gentil e afável quanto o doutor — pegou carinhosamente a mão de papai e disse: "Vamos tentar fazer com que o senhor já esteja se sentando cinco ou seis dias depois".

Em resposta, meu pai apenas balbuciou: "Eta, ferro". Cinco ou seis dias sem poder se levantar da cama: isso fez a ficha cair, se é que não tinha caído ainda.

No entanto, ele não se entregou, passando para a quarta pergunta. "Quanto tempo leva a operação?"

"Alguma coisa", Meyerson respondeu, "entre oito e dez horas."

Ele conseguiu encaixar essa resposta sem pestanejar, numa reação melhor que a minha. De oito a dez horas, depois de cinco a seis dias. O que valeria a pena depois disso? Após a infância pobre e a educação limitada, após o fracasso da sapataria e do negócio de comida congelada, após a luta para alcançar uma posição de gerência apesar das cotas estabelecidas pela Metropolitan para empregados judeus, após a morte prematura de tantas pessoas amadas — os irmãos Morris, Charlie e Milton nas décadas de 1920 e 30; a jovem sobrinha Jeanette, o jovem sobrinho David e a querida cunhada Ethel na década de 1940 —, após tudo que ele havia enfrentado e superado sem amargura, sem desânimo ou desespero, será que oito a dez horas de cirurgia no cérebro não era pedir demais? Será que não havia um limite?

"A maior parte do tempo da cirurgia", Meyerson explicou, "é gasta para penetrar no interior do crânio. Depende do tipo de tumor que eu encontrar. Nessa área, noventa e cinco, noventa e oito por cento são benignos. Em geral, não há muito sangramento. Se houver — devido à natureza do tumor —, isso pode fazer com que as coisas sejam um pouco mais demoradas."

E ele foi em frente, aquele pai estoico que eu nunca havia admirado tanto. "Cinco. Vou ter que aprender a andar outra vez depois?"

"Sim", respondeu Meyerson. E quando eu imaginava já haver entendido a situação, me dei conta de que estava longe de compreender todo o horror da coisa. "Sim", Meyerson repetiu, "provavelmente vai."

Outras cinco perguntas constavam da folha de papel, mas até papai tinha ouvido o suficiente. Enfiando a lista de volta no bolso, olhou diretamente para Meyerson e disse: "É, estou com um problema".

"Está mesmo", Meyerson concordou.

***

Dessa vez, atravessamos as ruínas de Newark em silêncio. Ele não tinha mais nada a perguntar, suas reminiscências de infância tinham se exaurido, faltavam-lhe forças até para dar conselhos a Lil — só restava a todos nós pensar, e pensar ainda mais, sobre aquela última troca de palavras no consultório de Meyerson. O médico concordara em que deveríamos solicitar uma segunda opinião neurocirúrgica, mas, supondo que o segundo neurocirurgião confirmasse sua avaliação e decidíssemos fazer a cirurgia no Hospital Universitário, nos aconselhou a não esperar muito e a reservarmos, provisoriamente, a primeira data disponível em sua agenda. Por acaso, era no sétimo aniversário da morte de mamãe.

No apartamento, Lil foi à copa-cozinha preparar sopa de lata para o almoço. Papai foi atrás a fim de pegar os pratos e arrumá-los na mesa da sala de jantar, enquanto eu, sentado na sala de visitas, tentava imaginar como Meyerson levantaria o cérebro de meu pai sem causar nenhum dano. "Deve haver algum jeito", pensei.

Lil devia estar usando o abridor manual aparafusado à parede junto à pia, porque ouvi papai dizer: "Segura a lata por baixo, você não está segurando a lata por baixo".

"Eu sei abrir uma lata de sopa."

"Mas não está segurando direito."

"Herman, sossega. Eu estou segurando direito."

"Por que você não pode simplesmente fazer o que eu peço na hora que eu peço? Não *está* certo. Pega por *baixo*."

Do outro aposento, precisei me esforçar para não gritar: "Seu idiota, você está à beira de uma catástrofe — deixa ela abrir a porra da lata do jeito que ela quiser!", embora também estivesse dizendo a mim mesmo: "Claro. Como abrir uma lata. O que mais havia para se pensar? O que mais havia de importante? Era isso que o fizera funcionar durante oitenta e seis anos e o que, se é que haveria alguma coisa, o faria seguir em frente. Pega por baixo, Lil — ele sabe o que está dizendo".

Cumpre admitir que papai se excedeu ao questionar como ela estava esquentando — ou não esquentando — a sopa. Depois de arrumar três pratos na mesa, voltou à copa-cozinha e se pôs ao lado de Lil, observando a panela. Ela insistia em que a sopa ainda não estava quente e ele insistia em que tinha de estar — ninguém levava um dia inteiro para esquentar uma sopa de legumes. Essa troca de opiniões ocorreu quatro vezes, até que a paciência dele — se é que esta é a palavra certa — se esgotou e ele tirou a panela do fogo, deixando Lil de mãos abanando diante do fogão. Seguindo para a sala de jantar, despejou sopa nos pratos, no serviço americano e na mesa. Talvez por causa da perda de visão, não percebeu a extensão da sujeira que havia feito.

A sopa estava fria. Ninguém disse isso. Provavelmente ele nem notou.

Na metade do almoço silencioso, ele disse sem nenhuma emoção na voz: "Este é o último capítulo", porém continuou levando colheradas de sopa à boca torta até que seu prato ficou vazio e sua camisa tão suja quanto se ele houvesse pintado o teto com a sopa.

Enquanto eu me preparava para retornar a Nova York, foi ao quarto e voltou com um pequeno embrulho para mim. Alguns sacos de papel pardo tinham sido violentamente retorcidos para acomodar o conteúdo e, depois, envoltos em vários pedaços de fita adesiva, a maioria formando uma espiral semelhante aos filamentos do DNA. O embrulho era uma obra típica dele, e também reconheci sua caligrafia — com uma caneta de feltro, havia escrito em letras de fôrma irregulares na dobra de cima do embrulho: "De um pai para um filho".

"Toma", ele disse, "leva para casa."

Já no carro, rasguei os papéis e descobri a tigela de barbear do vovô.

4. TENHO QUE COMEÇAR
A VIVER DE NOVO

NAQUELA TARDE, telefonei do hotel para Claire em Londres e meu irmão em Chicago, contando como tinha sido a consulta com Meyerson, informando a data prevista da cirurgia e falando da ideia de buscarmos uma segunda opinião. Mas à noite, depois de ter ido jantar sozinho num restaurante (sem conseguir comer a massa que pedi) e assistir a uma partida dos Mets (sem parecer que entendia as regras do beisebol), ficou claro que eu não queria ir dormir antes de falar com alguém que me consolasse, quando muito por sua presença ao telefone.

Telefonei para minha amiga Joanna Clark, imaginando que ela ainda estivesse acordada. Joanna nascera na Polônia, se casara com um americano e viera morar em Princeton, sucumbira ao alcoolismo, se divorciara, sofrera um colapso, se recuperara: provavelmente, de todos os meus amigos era quem mais havia sofrido na vida. Ela também sabia ser engraçada sobre nós dois. "Eu te conspurco com fumaça, encho sua cabeça de histórias sombrias, conto piadas idiotas no meu inglês arrevesado e, na verdade, tudo que você queria era ter uma conversinha do tipo Europa oriental. Bem, não há nada de graça nesta vida. Alguns poloneses são doidos de pedra, e eu também sou — mas inofensiva, espero." No começo da guerra, em setembro de 1939, seu pai fora morto pela artilharia alemã. "Não lembro nada do meu pai", ela me dissera uma noite, quando parei em Princeton para jantarmos. Eu fazia minha viagem regular para Nova York vindo da Filadélfia, onde lecionava na Universidade da Pensilvânia. Naquela época, Joanna já estava meio bêbada quando me pegava de carro na estação ferroviária, e sua conversa desconexa enquanto dirigia — sobre Gombrowicz, Witkiewicz, Schulz, Konwicki — era alarmantemente mitômana, brilhantemente excêntrica, terrivelmente informativa e, para mim, nada sedutora. No entanto, ela adotou um tom sóbrio e sombrio ao falar do pai enquanto estávamos a caminho de Princeton. "Ele foi atingido na trincheira. Defendendo Varsóvia. Na verdade, foi carregado pelo tenente judeu que comandava a unidade dele. Estava na trincheira e o pegaram. Não morreu logo. Morreu no hospital, por causa dos ferimentos." "Que idade ele tinha?" "Era muito moço. Trinta e sete." "Por isso você não lembra nada dele." "Eu era uma criança de colo. Não, nada. Só o que me contaram."

Encontrei o número dela e disquei por volta da hora em que eu costumava receber seus telefonemas preocupantes e compulsivos nos velhos tempos em que, mesmo depois de esconder de si mesma a agenda de telefones para não ficar ligando para todo mundo, Joanna sofria uma crise de telefonite aguda que, combinada com a bebida, a fazia telefonar para qualquer pessoa de cujo número ainda se lembrasse. Tudo que eu queria é que ela me escutasse; ter a corajosa, a rejuvenescida e a orfanada Joanna simplesmente me ouvindo talvez me proporcionasse o que *eu* agora necessitava, às onze e meia da noite, para enfrentar o fato de estar submetendo meu próprio pai de oitenta e seis anos a uma cirurgia de dez horas, a cinco dias inerte numa cama e a três ou quatro meses de convalescença — tudo isso sem nenhuma garantia de que ele iria melhorar porra nenhuma.

Oitenta e seis. Oitenta e seis voltava como um dobre fúnebre. Suponho que ao telefonar para Joanna eu estava admitindo que até mesmo eu sabia que não se pode ter um pai para sempre.

Ela também estava acordada quando liguei, esperando a chamada de um de seus "pombos" — palavra que usava para se referir aos viciados em recuperação de que cuidava. Como parte de um programa local, cujas reuniões frequentava regularmente, Joanna se tornara uma mãe substituta para cinco ou seis garotas que tentavam se livrar das drogas. A jovem que ela estava esperando que lhe telefonasse decidira se separar de um namorado vagabundo com quem vivia; quando ela disse isso a ele na noite anterior, o rapaz havia dado um soco no nariz dela, fazendo-o sangrar.

"Bem", eu disse, "também estou numa situação muito desagradável. Sou outro de seus pombos."

"O que houve, Philip?"

"Papai está doente."

"Ah, sinto muito."

"Ele está diante de uma perspectiva bastante desanimadora. Tem um grande tumor no cérebro. O médico diz que o tumor vem crescendo nos últimos cinco a dez anos. Dizem que papai vai ficar num estado desesperador muito em breve. Vão tentar remover o tumor. É uma operação terrível."

"Ele quer fazer a cirurgia?"

"Querer ele não quer. Mas a alternativa é deixar crescer e aceitar as consequências, o que é monstruoso. O problema é que, para um homem de oitenta e seis anos, mesmo que ele sobreviva — e o médico garante que três entre quatro sobrevivem —, a recuperação vai ser um pesadelo. Ele nunca mais será o mesmo, embora talvez ainda preserve algo do que foi."

"Mais do que preservaria se estivesse com essa coisa na cabeça."

"Com essa coisa ele está condenado. É uma escolha de merda, não há escapatória."

"O fim da vida é sempre assim."

"Ele tem sido notável. Nada de anormal, como sempre com aquele estilo abrutalhado e birrento. A força dele me deixa pasmo. Mas o que alimenta essa força é o que torna tudo tão pavoroso: a última coisa que ele quer é morrer."

"Dá vontade de sentar e chorar", disse Joanna.

"Dá mesmo, mas não choro o tempo todo — a maior parte do tempo fico sentado aqui no hotel sem fazer nada de nada. Aí penso: 'Por que estou sentado aqui, quando ele está lá?', e vou de carro até Elizabeth para fazermos um passeio a pé. Amanhã vai ser o primeiro dia em que ele vai ficar realmente sozinho. Não me sinto capaz de ir lá de novo. Preciso de um dia só meu."

"Ele também precisa ficar sozinho de vez em quando", ela disse.

"Aí é que está", retruquei. "O desamparo de qualquer um é

difícil, de uma criança, de um amigo. Mas a impotência de um velho que antes tinha tanto vigor..."

"Especialmente de um pai."

"É verdade. Ele enfrentou uma batalha tão longa" — e o adjetivo seguinte que me veio à cabeça eu nunca tinha pensado em associar aos esforços dele, por mais respeito que sua energia me inspirasse —, "tão longa e tão honrosa." A total pertinência da palavra me pegou de surpresa.

"O que é bom", disse Joanna, "é que ele tem essa escolha, que ele está envolvido na escolha."

"Mas não é uma escolha de verdade. A alternativa é inaceitável. A escolha seria pular pela janela."

"E você admira isto nele, o fato de que pular pela janela é um ato impossível para seu pai."

"Admiro e invejo. No ano passado, quando eu estava no maior buraco, pensava em pular todos os dias."

"Eu me lembro. Também já tive meus momentos de idiotice, em que pensei que isso fosse uma solução."

"Ele, não. Nem como uma fantasia de solução. Fui lá hoje para levá-lo ao médico. Tivemos de atravessar aquela área paupérrima da velha Newark. Ele conhece cada esquina. Onde os prédios foram destruídos, se lembra dos que existiam lá antes. Você não deve esquecer nada — esse é o lema no brasão dele. Estar vivo, para ele, é ser feito de lembranças. Para papai, se um homem não é feito de lembranças, não é feito de nada. 'Está vendo aqueles degraus? Em 1917 eu estava sentado ali com o Al Borak — lembra do Al Borak? Era o dono da loja de móveis —, eu estava lá sentado com o Al no dia em que os Estados Unidos entraram na guerra. Era primavera, abril ou maio, esqueci. Era lá que sua tia-avó tinha a loja de confeitos. Lá é que meu irmão Morris teve sua primeira sapataria. Poxa, ainda está de pé?' E por aí vai. Passamos pela escola dele, na Décima Terceira Avenida, onde ele era o xodó da professora. 'Minha professora, ela me adorava. "Herman", ela dizia'... E assim atravessamos a cidade."

"Pois é: vida."

"Vida pra valer. Chegamos ao hospital e ele disse: 'Que bênção para Newark quando construíram este hospital'. O que significa que ele não está pensando em seu tumor, e sim na cidade de Newark. Ele é o bardo de Newark. As coisas interessantes que eu conto sobre Newark não pertencem à minha história; pertencem à dele."

"Ele é um bom cidadão."

"Eu o levo de carro para lá e para cá, sento ao seu lado, como com ele, e durante todo o tempo fico pensando que a verdadeira tarefa, o trabalho imenso e invisível que ele fez a vida inteira, que toda aquela geração de judeus fez, foi se tornarem americanos. Os *melhores* cidadãos. A Europa termina com ele."

"Ah, não de todo. Ele não abriu mão da Europa de todo", ela disse. "A Europa dentro dele é a capacidade de sobreviver. São pessoas que nunca entregam os pontos. Mas também são melhores que a Europa. Eles tinham gratidão e idealismo. Aquela decência básica."

É por *isso* que eu tinha telefonado para Joanna — pelo que ela compartilhava com papai e pelo que eu valorizava nos dois: a capacidade de sobreviver, a inteligência para sobreviver, a vontade de sobreviver.

"Já te contei o que aconteceu quando ele foi assaltado alguns anos atrás? Ele podia ter morrido."

"Não. Me conta."

"No meio da tarde, numa rua perpendicular que leva à pequena sinagoga frequentada por ele, um garoto negro de uns catorze anos se aproximou com uma arma. Papai voltava para casa após ter ido ao escritório do templo para ajudar com a correspondência ou algo assim. Naquele bairro, garotos negros atacam judeus idosos à luz do dia. Vão até lá de bicicleta, ele me disse, pegam o dinheiro, dão uma gargalhada e voltam para casa. 'Vai lá pra trás daquele arbusto', ele disse a papai. 'Não vou para trás de arbusto nenhum', papai respondeu. 'Você pode levar o que quiser, e não precisa disso aí. Pode guardar isso.' O garoto baixou o revólver e papai lhe entregou a carteira. 'Pega o dinheiro todo', papai disse, 'mas, se a carteira não tiver valor para você, eu queria ela de volta.' O garoto pegou o dinheiro, devolveu a carteira e saiu correndo. Sabe o que papai fez? Gritou para o outro lado da rua: 'Quanto você pegou?'. E o garoto, obediente, conferiu: 'Vinte e três dólares'. 'Bom', papai continuou, 'vê se não vai gastar isso com alguma merda à toa'."

Joanna riu. "Claro, seu pai não tem culpa. Naturalmente tratou o menino como um filho. Ele sabe que os judeus de Białystok não foram culpados pelo tráfico de escravos na Nova Inglaterra."

"É isso — e é mais. Ele não sente a impotência de uma forma normal."

"É, não dá bola pra ela. Não cede a ela. Isso gera uma tremenda insensibilidade, mas também uma tremenda coragem."

"Exato, o que se faz necessário para sobreviver nem sempre é bonito. Ele se aproveitou muito do fato de nunca reconhecer a diferença entre as pessoas. Passei a vida tentando convencê-lo de que uma pessoa é diferente da outra. Mamãe entendia isso de um modo que ele nunca entendeu. Não conseguia. Era isto que eu desejava encontrar nele, um pouco da clemência e da tolerância dela, a simples admissão de que as pessoas são diferentes e que essa diferença é legítima. Mas ele não era capaz de entender isso. Todos tinham que funcionar da mesma maneira, querer da mesma maneira, ser responsáveis da mesma maneira — e quem fazia alguma coisa de modo diferente era *meshugge* — maluco."

"Philip, eu entendo o significado de *meshugge* mesmo sendo polonesa."

"Óbvio que ele não é a primeira pessoa a pensar assim. Mas ele tinha uma forma toda sua e também muito judaica de insistir nas noções absolutas do que é bom e é justo, coisa que costumava me deixar na maior infelicidade quando eu era garoto. Todo mundo tinha que fazer as coisas exatamente da mesma maneira. Da maneira que ele fazia."

"Bom, você também é implacável, sabia? Também há em você uma certa obstinação herdada dele. Você, também, nem sempre age com tato quando acha que tem razão."

"É o que Claire me diz."

"Você o perdoou. Perdoou a intransigência e a falta de tato dele, isso de querer usar a mesma fôrma para todo mundo. Todas as crianças pagam um preço, e o perdão significa esquecer também o preço que se pagou. Você fala dele de um modo reconciliador."

"Espero que sim. Desde que mamãe morreu, me aproximei muito dele. Teria sido mais fácil se fosse o contrário."

"Não seria, não. A morte de um pai ou de uma mãe é horrível. Quando mamãe morreu, eu não tinha a menor ideia de que ia sentir o que senti. Metade ou mais da vida da gente vai embora. Sabe como é, você se sente mais pobre: uma pessoa que me conheceu todo esse tempo..."

"Fomos falar hoje com o neurocirurgião, supostamente o melhor de Nova Jersey, um sujeito muito simpático de quarenta, quarenta e cinco anos, um judeu gorducho e amigável, bom currículo acadêmico, não muito atlético — olhando para ele, eu não confiaria que ele trinchasse nem meu peru do Dia de Ação de Graças." Contei como o médico havia me indagado se eu desejava algum esclarecimento, como eu lhe dissera que meu pai é quem tinha perguntas a fazer, como papai começara a ler sua lista e como o médico mostrou, no modelo de cérebro, que loucura era a operação. "Vai abrir a cabeça dele com um laser, com um feixe de luz — e pensei: 'Sei qual é a origem das fraquezas das pessoas, todos nós sabemos, mas de onde vem a força? De onde vem a força para dois homens enfrentarem uma situação como essa?'."

"Da autoestima", ela disse. "Eles respeitam a si próprios."

"Será isso? Não sei. Tenho certeza que é tudo muito elementar, mas fiquei perplexo hoje à noite. Ninguém precisa da arte surrealista, disso a gente sabe. E isso é surrealista para mim. Dois homens sentados lá, enfrentando o que enfrentavam."

"E onde está a Claire?", Joanna perguntou.

"Em Londres. Em casa. Fica chateada quando eu telefono. Diz que quer vir me ajudar, mas eu lhe digo para ela ficar quietinha e fazer o que tem de fazer por lá. De certo modo, estou melhor sem ninguém por perto, me lastimando sozinho, do que puxando ela para baixo também. Eu ia voltar de Nova Jersey e ficar sentado, olhando para ela — melhor sentar e olhar para a parede. Melhor me concentrar no que precisa ser feito. Embora toda essa concentração também não seja tão maravilhosa. Não consigo ler, e Deus sabe que não tenho condições de escrever — nem consigo assistir a um jogo idiota de beisebol. Sinto-me totalmente incapaz de pensar. Não consigo fazer nada."

"Não precisa fazer. Afinal, é o seu pai", ela disse, dando uma risadinha. "Você não tem necessidade de trabalhar o tempo todo."

"Vou me sentir sozinho e estranho sem ele. Mas como eu podia ter entendido isso antes?"

"Ora, você também não precisa entender tudo."

"Eu não entendo nada."

Depois tomei banho repetindo essa frase. Sentado na beira da cama, cortei as unhas dos pés — a primeira coisa em que consegui me concentrar sem pensar nele nos últimos dias — sempre repetindo a mesma frase. Apenas quatro palavras, coisa muito, muito básica, mas nessa noite, depois que Joanna me fez o favor de ouvir tudo que eu tinha a dizer, soou aos meus ouvidos como toda a sabedoria do mundo. Eu não entendia nada. Ao voltar naquela tarde para Manhattan segurando numa das mãos a tigela de barbear do vovô, sem dúvida nada era mais claro para mim do quão pouco eu sabia. Não que eu não tivesse entendido como os laços que nos uniam eram emaranhados e profundos — o que eu não tinha entendido é quanto o profundo pode ser profundo.

Tendo dormido precariamente até as quatro da manhã, acendi a luz, saí da cama e olhei de novo as imagens do cérebro dele, também sem entender nada.

Se Yorick estivesse contemplando a ressonância magnética do cérebro de Hamlet, quem sabe até ele emudeceria.

Alguns dias depois tivemos a segunda opinião, que papai preferiu à primeira. Vallo Benjamin, neurocirurgião do Hospital da Universidade de Nova York em Manhattan, havia concordado em nos arranjar uma horinha a pedido de David Krohn, que o descrevera como de "primeiríssima classe". Benjamin era um homem categórico e sofisticado com mais ou menos a minha idade, bem-vestido, um estrangeiro de olhos negros com uma bela estampa viril no estilo Picasso, com quem de fato se parecia. Ouviu toda a história médica contada por papai, perguntou se ele tinha dores de cabeça ou tontura e depois encostou a ponta de um alfinete nos dois lados de seu rosto a fim de determinar quanto ele perdera de sensibilidade na parte afetada. Benjamin parecia estudá-lo muito cuidadosamente enquanto papai respondia a todas as perguntas, formulava as próprias indagações e esperava para ouvir que sua pena de morte havia sido comutada e a sentença anulada, deixando-o livre para se sentir como se houvesse voltado aos quarenta anos. "Me sinto como se tivesse quarenta anos", era o que dizia a todo mundo até meses antes, mesmo nos dias em que isso não era verdade.

Benjamin encaixou as imagens da ressonância magnética numa tela iluminada atrás de sua mesa e me chamou para vê-las com ele. Papai continuou docilmente sentado ao lado de Lil, segurando a folha com a lista de perguntas, enquanto o doutor, falando tão baixinho que só eu podia escutá-lo, traçou com um dedo sobre a imagem os contornos do tumor para mostrar como era extenso. A rigor, disse, não se tratava de um tumor cerebral. Provavelmente começara num nervo da face e crescera a ponto de estar não apenas pressionando o tronco cerebral mas extravasando pelo osso no fundo do nariz. Meyerson estimara que a cirurgia duraria de oito a dez horas e dissera ser uma intervenção de rotina. Agora me foi dito que a duração mais provável era treze ou catorze horas e que seria necessário trabalhar numa área onde todas as artérias e nervos se aglomeravam — "terreno traiçoeiro", segundo o médico. "O senhor está me dizendo que é impossível?", perguntei. "De forma alguma", retrucou bruscamente, como se eu houvesse impugnado sua maestria. "Claro que pode ser feito."

Quando voltamos a nos sentar, papai disse a Benjamin: "Doutor, tenho um amigo no prédio onde eu moro. O cunhado dele teve um tumor igual a esse, fizeram radiação e a coisa desapareceu. Não estou dizendo que isso vai resolver tudo, que dá um resultado permanente. Mas se eu pudesse ter mais uns dois aninhos...".

"Sr. Roth", ele respondeu com enorme delicadeza. "É impossível dizer se a radiação será eficaz ou não até sabermos com que tipo de tumor estamos lidando. Para isso, além dessas imagens, preciso de uma tomografia computadorizada que nos dê uma visão do crânio assim como da situação do cérebro. Depois preciso de uma biópsia do tumor. O seu pode ser um de três tipos de tumores, e só depois da biópsia serei capaz de dizer qual o tipo e o que posso sugerir ao senhor."

"Entendi", disse papai com uma voz desalentada.

"A biópsia é feita com uma agulha. Não leva mais que uma hora. Recomendo que o senhor passe uma noite no hospital para que possamos acompanhá-lo depois da punção. O senhor iria para casa no dia seguinte."

"Onde é que vocês enfiam a agulha?", papai perguntou, seu tom indicando que ninguém iria torturá-lo sem antes lhe dar alguma explicação.

O estilo tosco de papai e o espírito de combate que ainda irradiava claramente, apesar de sua idade e de tudo que enfrentava, pareceram haver seduzido o refinado neurocirurgião e até despertado nele alguma simpatia pessoal. Várias vezes, ao recontar a história da enfermidade, meu pai se desviava para relatar algum caso ocorrido na infância em Newark setenta e cinco anos antes, narrativas que tinham como mensagem oculta o fato de que aprendera a ser realista na Rutgers Street e que agora estava pronto para o que desse e viesse. Ele e a vida vinham juntos de muito longe, e queria que Benjamin também soubesse disso.

Cada história — sobre os enfrentamentos com valentões irlandeses em Newark ou o trabalho depois da escola na oficina de ferreiro de seu primo — era ouvida pelo médico com um misto de curiosidade e impaciência, mas ele aguardava que papai ilustrasse o ponto aonde queria chegar antes de reconduzi-lo às questões do momento. Assim, explicou-lhe pormenorizadamente como a agulha seria inserida através do céu da boca, como era recolhido o tecido do tumor e cada passo do procedimento.

"E a radiação?", papai perguntou de novo, agora com evidente angústia.

"A biópsia vai determinar se é o tipo de tumor que responde à radiação. Há sempre alguma chance, embora, a julgar pelo tamanho de seu tumor e pelo tempo que provavelmente o senhor já o tem, ela não pareça muito grande."

"Entendi", disse papai, "estou falando só de mais uns três ou quatro anos..."

O médico assentiu com a cabeça, havia compreendido muitíssimo bem. Notei que o pedido inicial de mais uns aninhos tinha, ao fim de alguns minutos, se alongado para três ou quatro anos. Papai obviamente começava a confiar naquele médico ou mesmo lhe atribuir certo poder divino. De fato, Benjamin transmitia uma impressão muito maior de requinte e de poder do que o gorducho e bonachão dr. Meyerson, que propusera algo bem mais sério do que lhe enfiar uma agulha pelo céu da boca. Ocorreu-me que, se continuássemos conversando ali no consultório por mais um ou dois dias, papai acabaria por superar o medo de atrair para si um sofrimento ainda maior e, com uma ganância pecaminosa, confessaria ao médico o que estava de fato em seu coração. Ele não queria apenas três ou quatro anos adicionais, e sim atacar outra vez todos os poderosos obstáculos que enfrentara na vida: "Escapei das ruas de imigrantes sem ter nem ao menos completado o ginásio, nunca abaixei a cabeça, nunca violei uma lei, nunca perdi a coragem ou disse que desistia. Fui um marido fiel, um americano leal, um judeu orgulhoso de sua raça, dei a dois rapazes admiráveis todas as oportunidades que nunca tive, e o que estou exigindo agora é só o que mereço — outros oitenta e seis anos! Por que", ele perguntou ao médico, "um homem tem que morrer?". E, naturalmente, tinha razão em fazer tal pergunta. Era uma boa pergunta.

"Uma agulha", papai estava dizendo, "enfiar uma agulha. Isso é seguro?"

"Em geral é um procedimento muito seguro", o médico respondeu. "O senhor não vai sentir nada, vai receber uma anestesia geral. Depois, por dois ou três dias, sua boca vai doer bastante, mas logo passa."

"E aí, se for o tumor certo, começa a radiação?"

O médico ergueu as duas mãos em sinal de desamparo, parecendo pela primeira vez não um neurocirurgião de classe mundial, e sim um negociante barganhando num bazar oriental. "Não é impossível, não posso afastar inteiramente a hipótese, mas no momento não sei."

"Quais são os efeitos da radiação?", papai indagou.

"Alguém muito jovem pode ser afetado uns trinta anos depois."

"Mas uma coisa é certa, se estou entendendo bem: o senhor não quer operar."

"Não tenho como dizer. Primeiro preciso saber exatamente o que vou encontrar lá dentro."

Ao deixarmos o consultório, sugeri que, em vez de irmos diretamente para casa, descêssemos até o restaurante do hospital e, tendo ainda fresca na memória a conversa com o médico, repassássemos o que ele havia dito.

Achamos uma mesa para quatro — também estava conosco meu sobrinho Seth, que mora em Jersey com a mulher e trouxera Lil e papai de carro de Elizabeth, devendo levá-los de volta. Seth ficara na sala de espera durante a consulta e, em parte para informá-lo, mas sobretudo para ter certeza de que papai não entendera nada errado, repassei tudo no restaurante, enfatizando que, embora o médico houvesse deixado em aberto a possibilidade de o tumor ser tratado por radiação, isso não era muito provável.

"Gosto daquele homem", papai disse quando terminei. "Fiquei impressionado com ele. O outro só queria chegar lá e cortar. Esse aí quer ter toda a informação antes. Fiquei muito bem impressionado. Você não ficou?", ele perguntou a Lil. "Impressionada com ele?"

"Fiquei", Lil respondeu. "Deu a impressão de ser muito simpático."

"E você, Phil?"

"Também fiquei. Tenho certeza de que é um médico excelente. David me assegurou que era."

"Isso mesmo. E disse para esperarmos. Ele é o quê?", papai me perguntou. "Judeu?"

"Acho que sim. Acho que é um judeu persa."

"Um homem bonito", disse papai.

Havia uma porção de gente no térreo diante da porta do elevador e, ao abrir caminho pelo apinhado hall de entrada do hospital, eu o segurei por um braço enquanto Seth segurava pelo outro. "Tenho que começar a viver de novo", papai de repente me falou. "Não posso mais ficar enfurnado naquele apartamento. Não posso ser um eremita."

"Não pode mesmo", concordei.

"Preciso voltar para o Centro. O cantor litúrgico da sinagoga foi me ver — te contei? Dois homens da sinagoga e o cantor. Ouviram falar do tumor. Disseram que me levariam de carro todos os dias para o Centro."

"Boa ideia, trate de ir."

"Eu não sabia que tinha tantos amigos", ele disse.

"Um alívio temporário", pensei, "e tomara que ele se divirta. Pelo menos até que a próxima decisão tenha de ser tomada amanhã." Assim, naquela noite, consegui assistir ao jogo dos Mets com algum prazer, concentrando-me, como qualquer pessoa que busca um refrigério mental na jogada de três bases de Darling e no *home run* de McReynolds em vez de no meu pai e no tumor que ainda continuava dentro de sua cabeça apesar da vitória dos Mets — e continuava lá empedernido e maciço, garantia de que, se deixado à própria sorte, seria no final tão implacável quanto qualquer massa cega posta em marcha.

Dois anos antes, em 14 de outubro de 1986, eu infelizmente fora obrigado a estar em Londres enquanto os Mets jogavam contra Houston o quinto jogo da melhor de sete classificatória para as finais. Eram onze e quinze da noite, hora de Londres, quando telefonei para ele em Elizabeth e o encontrei em estado de graça. Só naquela primavera eu conseguira que ele se interessasse pelos Mets, quando passou um mês muito debilitado por uma doença que ninguém foi capaz de diagnosticar e que provavelmente já tinha algo a ver com o tumor no cérebro. Ele perdeu quase toda a força e às vezes, ao se levantar, adernava para um lado e para o outro. Eu viajara de Londres para ver o que havia de errado e, durante as semanas passadas em Nova York, tentei desviar sua atenção daquela enfermidade inexplicável fazendo com que acompanhasse os Mets na luta pelo campeonato. Costumava jantar com ele e assistia ao jogo a seu lado; nas ocasiões em que eu ia ao Shea Stadium, dizia que prestasse atenção para ver se me localizava nas arquibancadas. Quando fui embora, os sintomas tinham praticamente desaparecido e ele já estava quase em forma, além de haver se tornado um torcedor para valer — na verdade, pela primeira vez desde que eu era bem pequeno e ele levava a mim e meu irmão ao Ruppert Stadium, em Newark, para vermos o Newark Bear da terceira divisão jogar duas partidas seguidas no domingo contra nossos rivais que tinham sua sede do outro lado dos pântanos, os Giants, de Jersey City.

Em Londres, durante as finais, eu telefonava todas as noites para ter informações sobre as partidas. Adorava as descrições exuberantes que ele fazia.

"Os Mets ganharam", me dizia como se o triunfo também tivesse sido seu. "Décima segunda entrada. Gooden contra Ryan. O Strawberry fez um *home run*. Aí eles empataram. Um *jogaço!*"

"Espera aí, calma", eu disse. "Quando o Strawberry fez o *home run?*"

"Na sexta entrada. Eles ganharam na décima segunda. O Backman rebateu uma bola forte demais na direção do defensor da terceira base. Ele não conseguiu segurar e o Backman foi para a primeira base. Aí o arremessador dos Houston Astronauts fez um lançamento errado na direção da primeira base e ele foi para a segunda. Como não fazia sentido correr o risco do

Hernandez rebater, o arremessador deixou ele avançar para a primeira. Então chegou a vez do Carter, que não havia acertado nem uma bola em vinte e duas ou vinte e três tentativas. E ele deu uma tacada lá para o meio do campo, o Backman marcou um ponto e o jogo acabou. Os Mets ganharam de dois a um."

"Beleza! Há quanto tempo acabou?", perguntei.

"Há mais ou menos meia hora. Ei, você ouviu falar do seu amigo Wiesel?"

"Ouvi, já me contaram." O romancista Elie Wiesel, que eu conhecera ligeiramente anos antes, havia ganho o prêmio Nobel naquele dia.

"Cento e vinte mil dólares, mais as honrarias", papai disse. "E este ano é o terceiro judeu a ganhar."

"Verdade? Quem são os outros dois?"

"O tal do Cohen e uma garota ítalo-judia chamada Levy--não-sei-do-quê."

"Bem", falei, "então é um grande dia para os judeus e um grande dia para os Mets. Mets dois, Houston um — judeus três, góis zero. Agora eles vão jogar em Houston, certo? Amanhã mesmo?"

"É. Só precisam ganhar mais uma", respondeu.

"Ótimo, já aconteceram coisas mais estranhas do que perder duas partidas seguidas."

"Não", ele disse, "não podem perder duas assim, são bons demais. Hoje foi um jogaço!"

"Se chegarem ao sétimo jogo eles vão ter de encarar o Scott outra vez."

"Phil, eles vão ganhar dele. Em primeiro lugar, ele vai arremessar outra vez depois de só três dias de descanso. Ou são quatro? Houve a suspensão por causa da chuva, aí hoje, quarta--feira — vão ser três dias de descanso."

"Está bem", eu disse, "se você diz que eles vão ganhar dele, então eu acredito. Falo com você amanhã. E parabéns pelo Wiesel. Vocês, judeus, devem estar orgulhosos."

"Ah, para com esse negócio, está bem?", ele retrucou, mas estava rindo ao desligar.

E estava rindo de novo quando telefonei para ele na noite seguinte. "E aí, o que aconteceu?"

"Ainda não acabou. Você não vai acreditar. Décima terceira entrada."

"Meu Deus!"

"Estavam perdendo de três a um na nona. Mas agora está empatado na décima terceira. Estou vendo agora. Nem comi."

"Cada partida fica mais dura que a outra."

"Está lindo", ele disse.

"Bom, vou dormir. São onze e meia aqui. Imaginei que já teria acabado porque começaram às três da tarde."

"Não. Já foram eliminados dois na segunda metade da décima terceira entrada."

"Quem está arremessando pelos Mets?"

"McDowell. E Anderson está arremessando pelo Houston."

"Muito bem, preciso ir dormir", eu disse. Mas à meia-noite, depois de escovar os dentes e me deitar, levantei e fui até a cozinha telefonar de novo para ele. Eu não estava ligando só por causa dos Mets. "O que aconteceu?", perguntei.

"Phil? Ah, meu Deus, é *incrível*."

"Eles ainda estão jogando?"

"Os Mets fizeram quatro a três logo depois que você desligou. Strawberry marcou o ponto, acho que numa tacada do Dykstra. Aí um sujeito acertou um *home run* quando chegou a vez do Houston na segunda metade da décima quarta entrada. Agora está na primeira metade da décima quinta entrada. Está quatro a quatro e o arremessador é um mexicano gordinho."

"Ah, sei, um cara bem bonitão."

"Os Mets têm um interbases muito moço que não acerta na bola... não, acertou, mas jogou para o alto. Aí o defensor pegou. Bom, pelo menos não deixou passar todas as bolas. Ei, estou transmitindo o jogo lance por lance para Londres, vai te custar uma fortuna."

Mas eu estava gostando muitíssimo do lance a lance, talvez mais do que se estivesse lá. "Vai em frente, Herm, sou um homem rico. Jogada por jogada. Quem vai rebater agora?"

"Hernandez e Carter são os próximos. Tem sido um jogo inacreditável, mas estava três a zero na nona entrada. Os Mets só rebateram duas bolas. Sabe de uma coisa? Está quase na hora de começar o jogo dos Red Sox. Deve ser às oito e aqui já passa das sete. Ei, o Keith foi eliminado."

"Eliminado? Esse jogo vai durar a noite toda."

Ele deu uma risada. "Acho que vai mesmo."

"Está bem. Telefono amanhã para saber o que aconteceu. Vou ficar torcendo."

"Não se preocupe, eles vão ganhar. Trata de ir dormir", ele disse.

Às sete da manhã seguinte em Elizabeth — meio-dia em Londres —, ele me chamou para dar o resultado.

"Phil?"

"Sim."

"É teu pai. Você nunca ouviu falar em nada parecido. Os Mets ganharam na décima sexta entrada."

"Maravilha! Ia te ligar um pouco mais tarde."

"Acabei de levantar. Sabia que você ia querer saber. Estavam perdendo de três na nona entrada. Te contei isso ontem à noite, sobre a nona entrada?"

"Não faz mal. Conte tudo."

"Então ouve só. Fizeram três pontos na nona. Estavam ganhando de quatro a três. Aquele arremessador estava lá."

"O Kerfeld, de Houston?"

"Não, dos Mets. Nunca consigo lembrar o nome dele."

"McDowell."

"Não. O outro."

"Orosco."

"Isso mesmo, Morosco. Os Mets passam à frente, quatro a três. Aí Houston faz um *home run*, empata em quatro a quatro. Na décima sexta, os Mets fazem três pontos, passam à frente, sete a quatro. Houston vai rebater. Um sujeito chega à primeira base e o que rebate logo depois consegue fazer um *home run*. Sete a seis. Aí o Kevin Bass fura três bolas e os Mets ganham o jogo de sete a seis."

"Quer dizer que eles ganharam a série eliminatória."

"É isso aí, ganharam."

"Como é que os Mets fizeram esses três pontos?"

"Dykstra. Vou te contar! Depois que o Morosco concedeu os pontos na décima sexta entrada, o Hernandez foi até onde ele estava — acabo de ler isso no jornal — e sabe o que disse para ele? Se você arremessar outra bola sem efeito, eu te mato."

"Vai ver ele matava mesmo."

"*Eu* matava", disse papai, rindo e soando como se aquilo que o derrubara na primavera houvesse sido uma coisa passageira e ele fosse viver mil anos.

Nossa trégua durou vinte e quatro horas. E então o tumor no cérebro reassumiu o controle.

No mês e meio seguinte, nada aconteceu e nada foi feito — nenhum de nós sabia exatamente o que fazer. Desde que o primeiro neurocirurgião dissera que o tumor não cederia à radiação e o segundo indicara ser baixa a probabilidade de que a radiação ajudasse, a biópsia começou a parecer uma provação a que não nos cabia submetê-lo, principalmente depois de que fiquei sabendo que o procedimento podia ser muito doloroso e não estava isento de riscos, porque a agulha era enfiada às cegas na região. Além disso, se o resultado consistisse apenas em nos defrontar com o que já temíamos — uma cirurgia que poderia deixá-lo pior e não melhor do que estava —, qual a vantagem de fazê-lo passar por aquilo?

Para tornar as coisas mais difíceis, poucos dias após nossa consulta o dr. Benjamin viajou para a Europa, onde faria conferências durante um mês, e não tive como esclarecer minhas dúvidas antes de seu regresso, no dia 20 de junho. Ele nos dera o nome de alguém a quem pretendia confiar a biópsia, mas, embora papai tivesse voltado a Nova York para ver esse médico (acompanhado agora de meu irmão, que voara de Chicago para ficar com ele durante uma semana e me dar uma folga), nós todos achamos que havia muitas perguntas não respondidas para irmos em frente, se é que algum dia o faríamos, antes da volta do dr. Benjamin.

E meu pai não estava de modo algum capacitado a tomar por si só a decisão de seguir adiante. Comportara-se com bravura diante dos dois neurocirurgiões, porém agora, espremido entre duas propostas diferentes, havia caído em grande prostração. Dizia-me coisas que não faziam muito sentido, calava-se por um longo tempo ou de repente atacava Lil de forma tão incontrolável que depois ficava chocado com sua própria veemência e pedia desculpas humildemente. Pedir desculpas a Lil não seria visto como uma novidade infeliz caso significasse remorso e não desmoralização. Repetia para mim, para meu irmão, para todo mundo, que ele não queria uma biópsia nem uma cirurgia, seja através do céu da boca ou pela parte de trás da cabeça — tudo que ele queria era o que desejava desde o começo: ser capaz de ver sua comida, ler seu jornal e, como costumava dizer, "navegar" sem o auxílio de ninguém. Por que eles não podiam simplesmente remover a catarata do olho bom e lhe devolver a visão? Encontrei o rascunho de uma carta para o oftalmologista na mesa da sala de jantar certo dia em que fui almoçar com ele: "Caro dr. Krohn, quero minha visão de volta. Quero consertar minha vista. É isso que eu quero. Herman Roth".

Naturalmente, à medida que os dias passavam e ele se debatia impotente em meio ao desespero, eu não podia esquecer que o dr. Meyerson, que nunca me dera a impressão de ser um idiota, nos avisara que as coisas iriam piorar "num tempo relativamente curto" a menos que algo fosse feito. Meyerson nos dissera que entraria pela parte de trás do crânio e levaria de oito a dez horas para remover o tumor, enquanto Benjamin afirmara que o faria por uma incisão no céu da boca — seguindo mais ou menos a trajetória da agulha da biópsia — e que a operação duraria treze ou catorze horas. Papai me dizia que uma perspectiva era tão horrível quanto a outra, sendo impensável submeter-se a qualquer uma delas. "Tudo que eu quero é a minha visão de volta. Quero enxergar!"

Na cama, eu pensava: "Escute o que ele está dizendo. Escute com atenção. Ele está te dizendo o que quer, e é bem simples atender. Quer dar um jeito na vista. Não é uma criança, atravessou oitenta e seis anos valendo-se de seu próprio tipo de sabedoria, por isso honre essa sabedoria e simplesmente lhe dê o que ele quer". No minuto seguinte, porém, me parecia que, cedendo à avaliação irrealista que ele fazia da crise, eu apenas tentava evitar a escolha difícil... e continuava a girar assim, convencido de que a cirurgia não oferecia vantagens comparáveis aos riscos, mas também consciente de que, caso nada fosse feito, *num tempo relativamente curto* seu estado se deterioraria de forma terrível.

Certa manhã, depois que meu irmão regressara a Chicago, telefonei para Palm Beach a fim de conversar com Sandy Kuvin, um primo nosso que era médico. Ao longo dos anos, a meu pedido ele supervisionara a saúde de papai quando ele passava as férias de inverno na Flórida, dando bons conselhos com relação aos problemas que surgiam naquelas ocasiões. Sandy era alguns anos mais velho que eu, pai de três estudantes universitários e um vigoroso defensor de Israel. Trabalhava metade do ano em Jerusalém numa clínica de pesquisa médica cujos fundos ele mesmo levantara e que levava seu nome. Eu havia visitado as instalações com um assistente dele na última vez que estivera em Jerusalém. Crescemos juntos na mesma vizinhança de Newark, frequentamos o mesmo ginásio na década de 1940 e, conquanto só houvéssemos nos reencontrado recentemente, durante minhas visitas a papai na Flórida todo inverno, a noite que costumávamos passar juntos num restaurante da região e as tardes na arejada casa que ele possuía numa enseada de Palm Beach eram sempre agradáveis e amistosas, cada um de nós sentindo prazer em ver o quanto o outro progredira desde que havíamos deixado as salas de aula da escola em Weequahic.

Depois que expliquei a situação e descrevi minha indecisão, Sandy disse: "Philip, ele é um homem idoso, viveu uma longa vida e no momento o tumor está crescendo bem devagar. Em dez anos, ou coisa parecida, não causou danos maiores que a perda de audição num ouvido e a paralisia facial num lado do rosto. Talvez algumas das dores de cabeça dele venham daí e pode ser que a dificuldade de andar não decorra só da má visão, e sim também dessa coisa pressionando o oitavo nervo. Mas não foram estragos arrasadores e talvez nunca venham a ser".

"Mas todo o estrago de que você fala aconteceu nos últimos seis meses. O que pode acontecer nos próximos seis?"

"Ninguém sabe. Talvez nada", ele respondeu, "e talvez tudo. Se ele quer de volta a visão, dê-lhe sua visão e, se ele a tiver por apenas um mês antes de morrer, muito bem, pelo menos teve o que queria durante esse mês. Quem sabe dê sorte e a tenha por mais tempo."

"É isso que venho pensando — quando não estou pensando o contrário. Você me faria um favor? Poderia ligar para ele? Não diga que conversamos. Ligue para ele assim de surpresa, deixe que ele conte sua história e então lhe diga o que me disse — que o tumor está crescendo devagar e que ele esqueça esse troço. Porque ele vai afundar bem depressa se não aparecer alguma coisa que o levante de novo. É capaz de virar de lado e soçobrar só por causa do sofrimento emocional."

Meia hora depois, papai me telefonou, com uma voz forte e vibrante, como se suas baterias tivessem sido recarregadas. Como se voltasse a olhar a vida de frente.

"Adivinha quem me convidou para o casamento de sua filha em dezembro?"

"Quem?"

"O Sandy Kuvin telefonou de Palm Beach. Sabe o que ele disse? Contei o que está acontecendo e ele falou: 'Herman, esqueça isso. O tumor está aí há dez anos e o tumor vem crescendo tão devagar que pode demorar mais dez anos para ele fazer algum outro estrago'. Kuvin disse que eu posso morrer de dez outras coisas antes que o tumor cresça mais." Com um tom que soou como de genuíno prazer, me enumerou os assassinos em potencial. "Posso ter um ataque do coração, posso ter um derrame, posso ter um câncer... Antes que esse troço me mate, cem outras coisas podem acabar comigo."

Tive de rir. "Muito bem, essa é uma bela notícia."

"Kuvin disse para eu esquecer isso e tocar minha vida."

"Disse mesmo? Então talvez seja o que você deve fazer."

"A Michelle, a filha dele, vai se casar no dia... espera aí, tomei nota... numa terça-feira, 27 de dezembro de 1988. Na casa deles. Onze e meia da manhã. Ele quer que você vá ao casamento também. Comigo e com a Lil."

Faltavam sete meses para dezembro. Será que isso era ou não um "tempo relativamente curto"? "Se você for, eu vou", respondi.

"Phil, quero enxergar de novo. Quero que o dr. Krohn conserte minha vista. Chega de ficar atolado na bosta desse outro troço."

5. TALVEZ A INGRID POSSA CUIDAR DE MIM PARA SEMPRE

NO ENTANTO, uma semana depois que Benjamin voltou da Europa, papai fez a biópsia, não como prelúdio da cirurgia — àquela altura éramos todos firmemente contrários à operação —, mas pela possibilidade, mesmo remota, de que a biópsia revelasse um tipo de tumor passível de diminuir com a radiação. Em sã consciência, eu não via como podíamos simplesmente ignorar o tumor até nos certificarmos de que a única forma de tratá-lo consistia na carnificina inaceitável para todos nós. Horrorizava-me a ideia de que a agulha a ser enfiada pelo céu de sua boca poderia danificar algo no crânio, mas deixei-me convencer por Benjamin de que o dr. Persky, encarregado de executar o procedimento, era um profissional de alto gabarito.

O superintendente do prédio de papai levou ele e Lil de carro ao hospital em Manhattan, onde me encontrei com eles. Após um atraso burocrático interminável, registrei-o e subimos para o quarto. Lá ele comeu alguma coisa e, para minha surpresa, conseguiu se deixar absorver completamente pela refeição. Lil então foi embora e eu o levei para a entrevista com um jovem residente a quem ele contou tudo sobre a enfermidade e várias historinhas de sua infância. De volta ao quarto, pegamos seu pijama na maleta de mão e, depois que ele foi ao banheiro, ajudei-o a se deitar. Ele estava exausto, e o rosto, sem a venda cobrindo o olho cego no lado frouxo, tinha um aspecto pavoroso. No entanto, parecia menos abatido do que durante o período em que nada estava sendo feito. Havia uma nova provação a ser enfrentada, e a necessidade de arrostar provações não deixava espaço para o desânimo. Em vez disso, exigia aquela amálgama de rebeldia e resignação com que ele aprendera a confrontar as humilhações da velhice.

Lá embaixo, no balcão de registro, ao saber que custava três dólares e meio por dia para ver televisão no quarto, ele se recusou a pagar. Quando o vi na cama olhando para o teto com o único olho que funcionava, disse-lhe que eu pagaria por aquilo. "Vamos lá, sou um sujeito bonzinho, vou bancar para você uma noite de televisão."

"Três dólares e meio pela televisão? Eles estão malucos."

"Podemos ver o jogo. Os Mets estão jogando contra os Reds."

"Não por três dólares e meio", ele retrucou, inexorável. "Que se dane."

"É melhor do que ficar assim na cama, se preocupando com o dia de amanhã."

"Não estou preocupado. Não me permito esse luxo. Trata de ir para casa."

"São só sete horas. Você pode assistir ao noticiário."

"Não se preocupe comigo. Estou bem. Trata de comer alguma coisa e vai para o hotel ver os Mets."

Sentado ao lado da cama, comecei a ler a edição vespertina do *Post*. "Quer que eu leia as notícias?"

"Não."

"Devíamos ter lembrado de trazer um rádio. Você poderia ouvir o jogo pelo rádio."

"Não preciso de um rádio."

Quinze minutos depois, ele caíra no sono e, após uma hora, parecia ter embarcado de vez pelo resto da noite — isso antes mesmo de a enfermeira lhe dar o sonífero que eu pedi ao residente fosse receitado para ele. A dentadura estava sobre a mesinha de cabeceira onde ele a deixara. Coloquei-a no prato plástico que o hospital fornecia com esse propósito e, para finalizar, guardei tudo na gaveta da mesinha. A dentadura era nova. Feita para a metade inferior da boca. Devido à desfiguração facial, o dentista estava tendo grande dificuldade em ajustá-la com precisão. Apenas dois dias antes, passeando comigo, papai a arrancara da boca, exclamando: "Essa porcaria! Dentes demais!", mas depois não sabia o que fazer com ela. Atravessávamos a

North Avenue naquele momento e o sinal estava prestes a ficar vermelho para nós. "Olha", eu disse, "me dá isso", e enfiei a dentadura no bolso. Para minha imensa surpresa, foi totalmente satisfatório tê-la em minha mão. Em vez de sentir desprazer ou repugnância, enquanto o conduzia pelo braço até a calçada diverti-me com a naturalidade do que havia acontecido, como se agora tivéssemos nos tornado oficialmente parceiros num duo cômico — como se eu houvesse assumido o papel do ator que contracena com um comediante cuja dentadura mal ajustada sempre fazia a plateia morrer de rir, algo comparável ao nariz de Durante ou aos olhos de Eddie Cantor. Ao pegar a dentadura, molhada de saliva e tudo, e metê-la no bolso, eu havia, sem me dar conta disto, vencido o afastamento físico que, de forma bastante natural, se criara entre nós desde que eu deixara de ser um garoto.

Aguardei ao lado da cama por alguns minutos e então, como ele não deu sinais de acordar, saí sem fazer barulho. Parei no balcão das enfermeiras para saber a que horas ele iria descer para a sala de cirurgia no dia seguinte. Em seguida, de uma cabine telefônica no fim do corredor, telefonei para meu irmão em Chicago.

"Espero que não estejamos fazendo isso só para fazer alguma coisa", eu disse. "Às vezes tenho essa sensação."

"Como ele está?"

"Olhe, como sempre, ele vai encarar mais esta. Ele não quer saber de se distrair. Aqui cobram três dólares e meio para se ver televisão no quarto, e ele disse ao pobre coitado no balcão de registro que isso era um assalto a mão armada."

Meu irmão riu. "Ele é um filho da mãe teimoso, lá isso é."

"Bom, nas atuais circunstâncias, talvez valha mesmo a pena ser um filho da mãe teimoso. Telefono amanhã quando ele sair da sala de cirurgia. Vai entrar por volta do meio-dia."

"Esquina da Primeira Avenida com a rua Treze", eu disse ao motorista no dia seguinte. "Hospital Universitário."

"Garota bonitona aquela com quem você saiu do hotel", disse o motorista quando começamos a atravessar a cidade. Pouco antes de chamar o táxi, eu conversava sob o toldo do hotel com a mulher de um velho amigo que eu encontrara ao sair do Essex House a caminho do hospital.

"Como?"

"Você está comendo ela?", ele perguntou.

"O que é que você disse?"

"Você fode com ela?"

No retrovisor vi dois olhos verdes cujo brilho truculento era ainda mais assustador que a pergunta. Se eu já não houvesse perdido tempo conversando na frente do hotel, teria decidido não confiar minha vida a esses olhos e sairia do táxi, mas, como queria ver papai antes que ele descesse para a sala de cirurgia, respondi: "Na verdade, não. Um dos meus amigos faz isso. Ela é casada com ele".

"E daí? Ele ia foder a tua mulher."

"Não, esse amigo não iria, embora eu saiba que isso acontece." Sabia porque eu próprio havia feito isso em algumas poucas ocasiões, embora, diferentemente do motorista, eu não estivesse pondo todas as minhas cartas na mesa já no início do jogo. Ainda tínhamos um bom caminho para percorrer.

"Acontece o tempo todo, cara", ele me disse.

Não achei que seria uma boa ideia lhe dar um basta, por isso respondi em tom brincalhão. "Legal, é bom conversar com uma pessoa realista."

Ele retrucou com indisfarçável desprezo. "É disso que chamam a gente?"

Reparando pela primeira vez nos edifícios do lado de fora do carro, dei-me conta de que havíamos tomado a direção errada na Park Avenue e ele se afastava para o norte. "Ei!", chamei sua atenção, e o lembrei de para onde estávamos indo.

Para corrigir o erro, ele decidiu seguir toda vida no sentido leste até pegar o F. D. R. Drive, dali disparando para o sul. Isso significou ir ainda mais longe na direção errada para alcançar o Drive.

Eu reservara bem mais tempo do que o necessário para chegar ao hospital, pensava em estar lá por volta das onze e meia, mas, devido a um engarrafamento na entrada do Drive, já eram onze horas e o táxi ainda nem tinha entrado no fluxo intenso de tráfego que descia para o sul.

"Você é médico?", ele perguntou, fixando os olhos em mim, como pude ver no espelho, com ar agressivo.

"Sou", respondi.

"Que tipo?"

"Adivinha."

"Cabeça", ele disse.

"Correto."

"Psiquiatra", ele continuou.

"Correto."

"No Hospital Universitário."

"Não, em Connecticut."

"Você é o chefe da clínica?"

"Tenho cara de ser o chefe da clínica?"

"Tem, sim", ele respondeu categoricamente.

"Não", respondi, "sou só um dos médicos da equipe. Isso basta para mim."

"Você é esperto — não quer se matar por dinheiro."

Quando dei por mim, estava estudando-o como se eu fosse realmente um profissional cujo interesse ia além daquele de um passageiro ocasional. O sujeito era um mastodonte e, embora o táxi fosse um sedã de bom tamanho, ele não cabia na sua metade do banco e chegava a uns dois centímetros do teto. Em suas mãos, o volante era um bebê, uma criancinha que ele estava esganando. Tudo que eu podia ver de seu rosto no retrovisor eram aqueles olhos, que davam a impressão de poder matar alguém tão facilmente quanto suas mãos, caso pudessem escapar das órbitas. Sua aura era ainda mais ameaçadora do que as primeiras palavras haviam sugerido, e não apreciei a ideia de disparar pelo Drive com ele, sobretudo porque ficou claro — e não apenas por haver tomado o caminho errado logo na saída — que sua atenção estava fixada em algo mais vital do que me levar aonde eu queria ir.

"Sabe duma coisa, doutor?", ele disse, cortando de repente, com imensa ousadia, para a pista rápida que seguia para o sul, "meu pai está agora na sepultura sem os quatro dentes da frente. Arranquei os dentes da porra da boca dele com um soco."

"Você não gostava dele."

"Ele era um borra-botas e queria que eu fosse um fracassado também. A miséria adora companhia. Mandava meu irmão mais velho me bater na rua. Meu irmão mais velho me batia e meu pai nunca fazia ele parar. Por isso, um dia, quando eu tinha vinte anos, cheguei perto dele e quebrei a porra dos dentes dele com uma porrada. Aí eu disse pra ele: 'Sabe por que que eu fiz isso? Porque você nunca me protegeu do Bobby'. Eu nem fui ao funeral dele. Mas muitos filhos não vão aos funerais dos pais, não é mesmo?" Com uma voz subitamente débil e não combativa, acrescentou com um tom abjeto de derrota: "Eu não sou o primeiro".

No espelho, olhos que agora não tinham nada de brutal nem de belicoso aguardavam minha resposta. "É, você não é o primeiro", assegurei-lhe.

"Minha mãe não é melhor", ele disse, a palavra "mãe" cuspida como algo podre que ele tivesse mordido. "Ela me telefonou chorando pra dizer que ele tinha morrido e eu disse: 'É isso aí, vai em frente, chora pelo grande herói'. E aí eu disse que ela também era uma filha da puta idiota."

"Você teve uma vida bem dura, hem?"

A pureza da paranoia que relampejou naqueles olhos trouxe à minha mente a imagem de *luz rebrilhando na lâmina de uma faca*. Mas ele estava enganado se achava que eu era uma pessoa irônica que, como seu pai, precisava ir para o túmulo com quatro dentes da frente a menos. Eu era um psiquiatra, não me rebaixava fazendo julgamentos — e isso, felizmente, parece ter sido compreendido bem depressa. Embora não se tratasse de nenhum imbecil, ele certamente não era muito chegado a confiar nos seus semelhantes. Ao não protegê-lo do Bobby, seu falecido pai havia condenado o mundo a coexistir com um filhinho caçula bastante cético.

"É", ele respondeu com voz triste, "pode chamar de bem dura." Mas, dando uma cabeçada no vazio, acrescentou com raiva: "Só sei que eu sobrevivi".

"Sobreviveu mesmo."

Então ele me deixou pasmo. Eu não teria me surpreendido tanto se ele tivesse pego uma xícara de chá no banco a seu lado e, com o dedo mindinho espetado elegantemente no ar, tomado um gole. "Doutor, eu sou inseguro."

"Você?" Incrédulo, não me contive. "Que besteira é essa que está me dizendo? Você arrebentou a cara do seu pai, disse as últimas para sua mãe quando ela estava em prantos... Este carro aqui é seu, não é?"

"É. Tenho dois."

"*Dois*... ora, ninguém é mais seguro que você."

"Sou mesmo?", perguntou o filho da puta violento.

"É o que me parece."

"Você está sendo legal comigo, doutor — vou descontar um dólar no preço da corrida. Você não tem que pagar pelo meu erro." Saindo de um golpe do Drive para a rua 34, ele se mostrou ainda mais magnânimo. "Vou desligar o taxímetro agora mesmo e descontar mais um dólar."

"Se você quiser. É muito simpático de sua parte."

Perguntei-me se eu não havia exagerado. Olhei no espelho esperando vê-lo pronto para me matar por eu tê-lo chamado de simpático. Mas não, ele havia *gostado* da coisa. Esse sujeito é humano, pensei, no pior sentido da palavra.

Saltando do táxi em frente ao hospital, mostrei que era um bom psiquiatra e lhe dei o único conselho que achei que ele poderia realmente seguir: "Continue batendo".

"Ei, você também, doutor", ele disse, e seu rosto, que vi então ser o de um homem-bebê, de uma criancinha balofa, beberrona e rancorosa de quarenta anos, se dissolveu num sorriso desmesurado, indicando que, na minha primeira incursão profissional, eu havia estabelecido uma transferência positiva. Ele de fato fizera aquilo, compreendi, aniquilara o pai. Ele pertencia àquela horda primitiva de filhos que, como Freud gostava de conjecturar, possuem a capacidade de anular o pai à força — que o odeiam e temem, e que, após derrotá-lo, prestam uma homenagem a ele devorando-o. E eu pertenço à horda dos que não conseguem dar um soco. Não somos como os outros, não sabemos fazê-lo, com nossos pais ou com qualquer pessoa. Somos os filhos horrorizados pela violência, incapazes de infligir dor física, ineptos para dar murros ou pauladas, inúteis quando se trata de pulverizar até mesmo o mais merecedor dos inimigos, conquanto não nos falte a turbulência, a cólera, até mesmo a ferocidade. Possuímos dentes como os canibais, porém eles estão lá, fincados em nossas mandíbulas, apenas para articularmos melhor os sons que emitimos. Quando causamos devastação, quando destruímos, não o fazemos com punhos furiosos ou planos impiedosos, ou surtos de insana violência, mas com nossas palavras, nossos cérebros, com a capacidade mental, com tudo aquilo que gerou o comovente abismo entre nossos pais e nós — e que eles próprios suaram sangue para nos dar. Encorajando-nos a sermos tão espertos e tão *yeshiva buchers*, mal sabiam que estavam nos equipando para deixá-los isolados e perplexos diante de toda nossa vigorosa algaravia.

Suponho que foi o receio desse drástico afastamento de papai o que me fez sentir, nos primeiros anos de universidade, como se eu fosse seu duplo ou uma projeção dele, imaginando emocionalmente que estava ali em seu nome e que não era apenas eu que estava sendo instruído, mas que também ele se libertava da ignorância. Claro que ocorria exatamente o contrário: cada linha sublinhada, cada anotação nas margens de um livro que eu fazia, cada curso que frequentava e cada trabalho que escrevia alargavam o golfo mental que viera crescendo sem cessar desde que eu entrara prematuramente no ginásio com doze anos, a mesma idade em que ele havia abandonado de vez os estudos para ajudar a sustentar os pais imigrantes e sua filharada. Entretanto, durante muitos meses não havia nada que eu, como um ser perfeitamente razoável, pudesse fazer para afastar a sensação de fundir-me a ele que tomava conta de mim na biblioteca, nas salas de aula e em minha escrivaninha no dormitório. Eu tinha a convicção apaixonada, ainda que louca, de que ele habitava em mim e estava aprimorando seu intelecto junto comigo.

Quando cheguei ao hospital, seu quarto estava vazio. Não havia nada dele na mesinha de cabeceira e, olhando no armário, verifiquei que suas roupas, seu roupão e a maleta haviam desaparecido. O mais assustador foi ver o colchão nu, sem nenhuma roupa de cama. Corri até o balcão das enfermeiras, pensando *"Acabou, acabou, ele foi poupado do pior"*, e lá, para meu imenso alívio, soube que simplesmente o tinham levado para a sala de cirurgia alguns minutos antes. Eu me desencontrara dele devido à longa sessão com meu próprio paciente, o motorista parricida. Papai não estava morto. *"Mas se enfiarem a agulha no lugar errado, se o cegarem, se paralisarem o resto do seu rosto..."*

Eram quase cinco da tarde quando o trouxeram da sala do pós-operatório e o instalaram num quarto para pacientes recém-operados, onde foi ligado às máquinas de monitoramento sob os olhares de uma enfermeira permanentemente de plantão. Permaneci sentado ao lado de sua cama até o horário de visita terminar, observando com espanto como seu pulso mantinha o ritmo estável de sessenta batidas por minuto. No quarto, outros pacientes saídos de cirurgia registravam drásticas variações de pressão, enquanto a dele permanecia virtualmente estacionada nos 15,5 por 7,8. Naturalmente, eu não conseguia interpretar o padrão do eletrocardiograma, que passava piscando ao longo da tela, mas o aparelho não parecia sinalizar nada de errático ou arrítmico. Do ponto de vista orgânico, papai continuava uma maravilha e, por isso, fadado a pagar um alto preço por tudo.

Foi-lhe dado gelo para chupar a fim de minorar a dor na boca. Eu ia passando as pedras e reabastecendo a tigela. A boca doía tanto que ele mal podia falar. E quando realmente teve algo a dizer, foi curto e preciso.

"Como está se sentindo?", perguntei depois de ele já estar mais ou menos uma hora no quarto de recuperação.

Voz fraca, tom sombrio, mensagem claríssima: "Eu preferia estar morto".

Não voltou a se queixar.

Na cama em frente se encontrava um oriental muito fraco, com um tubo enfiado diretamente na garganta. Ele havia sido operado no intestino e tinha ânsias de vômito pavorosas, parecendo querer se livrar de alguma mucosidade. Sua filha, uma mulherzinha bem bonita de uns quarenta anos, tremendamente eficiente e concentrada de todo no pai, em silêncio fazia tudo o que podia para lhe dar algum conforto, porém não parecia possível aliviar o sofrimento dele. Embora seu rosto permanecesse sem expressão, a cada poucos minutos o ouvíamos lutar com o tubo como se estivesse a ponto de morrer sufocado.

Quando cheguei ao hospital na manhã seguinte, perguntei a papai: "Como foi sua noite?".

"Não muito boa. Todo mundo ficou acordado por causa do chinês."

Já sentado numa cadeira ao lado da cama, o senhor idoso continuava a batalhar contra o tubo, enquanto a filha já estava lá, cuidando dele em silêncio.

"E a boca?", perguntei.

Sacudiu a cabeça para indicar que a boca ainda estava péssima.

Segundo a enfermeira, o médico havia concluído que papai estava sofrendo muitas dores e, por isso, não deveria ter alta naquele dia. Também não tinha urinado e não o deixariam ir para casa antes que o fizesse. Papai me disse que também não evacuara, embora ficasse saindo da cama e indo ao banheiro para tentar. Toda vez eu o conduzia até o banheiro e me postava do lado de fora da porta, pronto para ajudá-lo se necessário. De quando em quando, a mulher oriental e eu nos olhávamos enquanto cuidávamos de nossos pais, e sorríamos.

Lil veio visitá-lo; Seth chegou com a mulher, Ruth; Sandy e Helen telefonaram de Chicago; Claire, que voltara de Londres, ligou de Connecticut; Jonathan, que trabalhava fora do escritório naquele dia, ligou de onde estava; e então, já bem mais tarde, enquanto eu o ajudava a comer o que era possível de uma ceia aguada e nada apetitosa, o dr. Benjamin apareceu, vestido esplendidamente e irradiando toda a autoconfiança que se espera ver no seu neurocirurgião. Vinha acompanhado de um assistente administrativo todo empertigado, que vestia uma camisa branca com gravata e exercia suas funções com precisão militar. Em contraste, curvado por cima da bandeja, com a bata do hospital manchada de comida e mal amarrada nas costas, sem a dentadura e com metade do rosto desmoronada, papai parecia uma velhinha — e essa velhinha com quem ele se parecia era sua mãe, Bertha Zahnstecher Roth, tal como eu me lembrava dela no hospital em seus últimos dias de vida. Recordava-me perfeitamente que eu tinha vindo para casa da universidade e estava ao lado de sua cama enquanto *ele* lhe dava de comer e ela balbuciava qualquer coisa em iídiche.

Benjamin nos entregou o resultado da biópsia. O tumor era de um tipo extremamente raro, formado por uma espécie de material cartilaginoso, "um pouco semelhante às suas unhas", ele disse a papai. Era benigno mas não passível de ser tratado com radiação. Propôs removê-lo em duas cirurgias, cada qual com a duração de sete ou oito horas. Na primeira, ele entraria pela boca a fim de extrair parte da massa, e então, meses depois, penetraria pela parte de trás da cabeça para tirar o resto.

Provavelmente isto não foi possível por razões práticas, mas eu teria preferido que o médico houvesse me chamado de lado antes, para me pôr a par de tudo aquilo. Era muito para ser dito a um homem já de idade cuja força, naquele momento, podia ser medida em colheres de chá. Depois que Benjamin terminou, papai contemplou longamente a bandeja em que mais uma vez lhe haviam servido uma refeição composta de *consommé* frio, iogurte, bebida achocolatada, gelatina e um picolé. Impossível deduzir de seu olhar perdido e sem foco no que ele estaria pensando, se é que estava pensando em alguma coisa. Eu pensava na unha que durante décadas vinha se expandindo pelos espaços de seu crânio, um material tão pertinaz e resistente quanto ele e que fora capaz de romper o osso atrás de seu nariz e, com uma força obstinada e incansável como a dele, se infiltrara pelas cavidades de sua face.

Quando papai enfim pareceu lembrar-se da presença de Benjamin, olhou para ele e disse: "Bom, doutor, tem uma porção de gente esperando por mim no outro lado". E, esticando a cabeça na direção da tigelinha, enfiou a colher na gelatina e retomou a tentativa de se alimentar.

Levei o médico e seu assistente até o corredor. "Não vejo como ele vai poder sobreviver a duas operações dessas", eu disse.

"Seu pai é um homem forte", o médico respondeu.

"Um homem forte de oitenta e seis anos. Talvez já tenha sofrido o bastante."

"O tumor está num ponto crítico. É de se esperar que ele tenha problemas graves dentro de um ano."

"Que problemas?"

"Talvez para engolir", ele disse. E isso, obviamente, evocou uma imagem horrível, mas não muito pior do que vê-lo se recuperando não de uma cirurgia de oito horas na cabeça, e sim de duas. O médico continuou: "Na verdade, tudo pode acontecer".

"Vamos ter de refletir sobre isso", eu disse.

Trocamos um aperto de mão, mas, quando ele e seu assistente começaram a se afastar, Benjamin se voltou para fazer uma observação em tom gentil. "Sr. Roth, quando alguma coisa acontecer, pode ser tarde demais para ajudá-lo."

"Talvez já seja tarde demais", retruquei.

Na manhã seguinte ele ainda não havia urinado e, como naturalmente não desejava que lhe enfiassem um cateter, eu disse que se sentasse no vaso, pusesse a água para correr na pia e esperasse até acontecer alguma coisa. Foi lá três vezes, e na última, depois de vinte minutos, saiu e anunciou que tinha funcionado. Ele havia feito funcionar.

Após ajudá-lo a se vestir, telefonei para meu irmão e comuniquei que estávamos deixando o hospital e depois iríamos de carro para a casa de Connecticut onde Claire e eu estávamos passando o verão. "Bom, pelo menos agora temos a certeza de que não há nada a fazer", eu disse a meu irmão. "Duas cirurgias

119

está fora de cogitação. Você precisava ver a aparência dele depois dessa biópsia."

Enquanto eu guardava o aparelho de barbear dele na maleta, o velho do outro lado do quarto ainda sufocava com o tubo enfiado em sua garganta e a filha se movia em silêncio tentando lhe dar algum conforto. Fui até ela me despedir.

"Seu pai está melhor?", ela perguntou, falando com um sotaque tão carregado que tive dificuldade de entender.

"Por ora, sim."

"Seu pai é um homem corajoso", ela comentou.

"O seu também", respondi. "A velhice não é brinquedo, não é mesmo?"

Ela sorriu e apertou minha mão, provavelmente não tendo entendido o que eu havia dito.

Do lado de fora do hospital, enquanto atravessávamos muito devagar o estacionamento em direção ao meu carro, ele perguntou, como uma criança a quem fora prometido um prêmio por tomar algum remédio intragável: "Agora eu posso consertar meu olho?".

Ele ocupou o quarto de cima, onde as janelas davam para as macieiras, os freixos e os bordos. Lá havia um aquecedor a lenha e um colorido tapete do Norte da África. Ele sempre gostou de dormir nesse quarto quando nos visitava junto com mamãe e, mais tarde, após sua morte, quando vinha com Lil algumas vezes no verão para passar o fim de semana conosco no campo. Levei-o para cima a fim de que fizesse uma sesta depois do almoço. De manhã, Claire cozinhara para ele uma grande panela de sopa de legumes que duraria alguns dias e colhera flores no jardim a fim de enfeitar seu quarto, mas constatamos que ele ainda não podia tomar nada quente e estava tão exausto depois da viagem de duas horas que simplesmente ficou olhando para o prato de sopa, incapaz de reagir às tentativas dela para fazê-lo sentir-se em casa.

Ao chegar ao quarto, caiu imediatamente no sono sem nem tirar as cobertas da cama. No entanto, quando fui dar uma olhada nele vinte minutos depois, ao passar pela porta semiaberta do banheiro vi que ele estava sentado no vaso, segurando a cabeça com as mãos. Na vinda, havíamos parado duas vezes em postos de gasolina porque ele achou que precisava ir ao banheiro.

"Você está bem?"

"Tudo bem, tudo bem", respondeu, mas quando mais tarde tentei levá-lo para dar uma voltinha, disse que estava com medo de sair e sentir vontade de ir ao banheiro. Ainda não evacuara e me pediu que fosse comprar suco de ameixa no armazém para ver se ajudava. Estava terrivelmente abatido, física e mentalmente exaurido, embora em determinado momento, quando eu me encontrava no hall e ele, todo encarquilhado, estava sentado numa poltrona diante da lareira da sala de estar, o ouvi balbuciar algo que nada tinha a ver com seu próprio sofrimento. "Pobre chinês", foi o que ele disse.

No café da manhã do dia seguinte, ele estava mais forte e até conseguiu tomar um chá morno e tolerar na boca cerca de meia tigela de mingau de aveia que Claire havia preparado e esfriado com um pouco de leite. Subi a seu quarto enquanto os dois conversavam à mesa — pacientemente, Claire ouvia, não pela primeira vez, como a mãe dele tinha sido uma santa, cozinhando para oito, nove, dez pessoas, acolhendo parentes emigrados que chegavam sem um tostão à porta deles, escovando de joelhos os degraus de madeira na frente da casa... Eu pensava arejar o quarto, fazer a cama, pegar as roupas sujas da maleta levada para o hospital e deixá-las à tarde na lavanderia junto com nossas coisas. Mas, quando puxei a coberta de cima da cama, encontrei o lençol manchado de sangue, assim como a calça do pijama que ele tinha usado pela primeira vez naquela noite. Joguei o pijama na cesta de roupa suja, peguei um limpo no meu armário e troquei toda a roupa de cama. Na altura de seus quadris, estendi duas toalhas grossas de banho para impedir que o lençol de baixo voltasse a ficar manchado. Me assustei com aquele sinal de sangramento pelo reto, que eu não sabia como explicar. Perguntei-me se ele saberia.

Não tive a oportunidade de saber, porque imediatamente

depois da conversa com Claire (enquanto lavava a louça do café da manhã, ela tinha ouvido um relato pormenorizado sobre a falência da pequena sapataria que ele abrira com mamãe depois de se casarem) ele pegou o jornal da véspera e foi outra vez ao banheiro. Havia bebido um copo de suco de ameixa antes de dormir e outro no café da manhã, porém, quando vinte minutos depois perguntei se ele estava bem, respondeu com um tom melancólico, como se estivesse numa loja de apostas, e não num banheiro: "Não dei sorte".

"Vai acontecer."

"Quatro dias", ele disse, pesaroso.

"A biópsia, a anestesia, isso de ficar deitado na cama — tudo mexeu com seu organismo. Mais um ou dois dias de refeições regulares, um pouco de exercício, e você vai ficar bom. Que tal sair daí? Seth e Ruth vão chegar a qualquer momento. Vem comigo até o escritório, você pode ficar sentado na varanda enquanto eu cuido da minha correspondência."

"Daqui a pouco eu vou."

Lá ele ficou por mais meia hora, e saiu com tamanha expressão de derrota que qualquer pergunta foi desnecessária. No andar de baixo, recusou-se a passear e afundou outra vez na poltrona da sala de estar. Sentei no sofá com o *Times* e me ofereci para ler sobre Dukakis e Bush. "Bush", ele disse com ar de nojo, "e seu patrão, o sr. Reagan. Sabe o quê o Reagan aprendeu em oito anos? A dormir e a fazer continência. Campeão nacional da continência. Nunca vi ninguém fazer uma continência melhor que ele." Comecei a ler para ele a primeira página do *Times*, porém me interrompeu dizendo que esquecera a dentadura no andar de cima e não queria que "as crianças" o vissem sem ela. Pus de lado o jornal e subi para apanhá-la na prateleira ao lado do vaso sanitário, onde ele a deixara enquanto tentava em vão evacuar. Lavei a dentadura debaixo da torneira para tirar os restos do café da manhã e desci as escadas pensando: "Seus dentes, seus olhos, seu rosto, seus intestinos, seu reto, seu cérebro...", e ainda havia muito mais. Podia ser pior e seria pior, muito pior, mas mesmo assim já era um bocado de sofrimento

122

para um mero começo de fim. Provavelmente, não seria surpresa se aquele chinês infeliz que sufocava na luta contra o tubo tivesse pensado por um instante sobre papai: "Pobre judeu!".

Almoçamos num aposento grande e rústico de chão de pedra ao lado da cozinha, originalmente o depósito de lenha da velha casa de fazenda. Uma das paredes fora substituída por vidraças corrediças que se abriam para o gramado, os muros de pedra, os prados e os campos na frente da casa. No passado, eu costumava acomodá-lo lá numa cadeira de vime de onde ele podia ver a paisagem; nos dias de calor, ficava sentado a manhã inteira, lendo tranquilamente o *Times*, começando com as notícias sobre Israel e passando depois para os artigos acerca do governo de Reagan que lhe permitiam manter vivo o ódio pelo presidente durante o dia todo.

Agora, com Seth e Ruth tendo vindo almoçar e todos mantendo uma conversa leve enquanto o luminoso dia de verão exercia sua sedução do lado de fora, ele permanecia totalmente isolado dentro de um corpo que se tornara um terrível cercado do qual não podia escapar, o derradeiro cercado de um matadouro.

Perto do fim do almoço, ele empurrou a cadeira para trás e caminhou em direção aos degraus que levavam à cozinha. Era a terceira vez durante a refeição que deixava a mesa, e eu também me levantei para ajudá-lo a subir ao segundo andar. No entanto, ele recusou minha ajuda e, como imaginei que mais uma vez iria tentar evacuar, não insisti para não embaraçá-lo.

Já estávamos no café quando me dei conta de que ele não voltara. Saí de mansinho da mesa e, enquanto os outros conversavam, entrei em casa certo de que papai havia morrido.

Não tinha, embora devesse estar desejando isso.

Senti o cheiro de merda já no meio da escada. Quando cheguei ao banheiro, a porta estava inteiramente aberta e, no chão do corredor, jaziam seu macacão e sua cueca. Dentro do banheiro papai estava nu, tendo acabado de sair do chuveiro, pingando ainda. O cheiro era insuportável.

123

Ao me ver, quase começou a chorar. Na voz mais desconsolada que jamais ouvi, dele ou de qualquer outra pessoa, me disse o que não era difícil deduzir: "Me caguei todo".

Havia merda para todo lado, pisada no tapete do banheiro, escorrendo pela parede do vaso e em volta dele, formando uma pilha no chão. Havia mais merda borrifada nas paredes do boxe do chuveiro de onde ele acabara de sair e emplastrada nas roupas abandonadas no hall. Mais merda na ponta da toalha com que começara a se secar. No exíguo banheiro, normalmente usado por mim, ele fizera o possível para se livrar sozinho da imundície, mas, quase cego e saído havia pouco de uma cama de hospital, ao tirar a roupa e entrar no boxe ele conseguira espalhar as fezes por todos os cantos. Nem minha escova de dentes escapara, enfiada num suporte ao lado da pia.

"Está tudo certo", eu disse, "tudo certo, tudo vai se ajeitar."

Fui até o boxe, liguei o chuveiro e regulei as torneiras até obter a temperatura certa. Tomando a toalha de sua mão, conduzi-o de volta ao chuveiro.

"Pegue o sabonete e comece de novo", eu disse e, enquanto ele obedientemente começou a se lavar da cabeça aos pés, juntei suas roupas, as toalhas e o tapete do banheiro num montinho e enfiei tudo numa fronha que eu tinha ido buscar no armário de roupas de cama. Peguei também uma toalha de banho limpa para ele. Ajudei-o então a sair do boxe e, levando-o diretamente para o hall, onde o chão ainda estava limpo, o envolvi na toalha e comecei a secá-lo. "Você fez um baita esforço", eu disse, "mas acho que não tinha mesmo jeito."

"Me caguei todo", repetiu, e dessa vez caiu no choro.

Levei-o para o seu quarto, onde ele se sentou na beirada da cama e continuou a se secar enquanto eu buscava um dos meus roupões. Quando acabou de se secar, ajudei-o a vestir o roupão, puxei a coberta de cima da cama e lhe disse que tirasse uma soneca.

"Não conte nada às crianças", pediu, me olhando da cama com a vista boa.

124

"Não vou contar nada a ninguém", respondi. "Vou dizer que você está descansando."

"Não conte à Claire."

"A ninguém. Não se preocupe com isso. Podia acontecer com qualquer um. Simplesmente esqueça isso e dê uma boa descansada."

Baixei todas as persianas para escurecer o quarto e fechei a porta às minhas costas.

O banheiro dava a impressão de que um bandido perverso deixara ali seu cartão de visita após roubar a casa. Como eu já tinha cuidado de papai, e era isso que contava, por mim teria fechado a porta com pregos e esquecido o banheiro para sempre. "É como escrever um livro", pensei, "não sei por onde começar." Mas atravessei o chão com cuidado e, me inclinando para a frente, abri a janela, o que já era um começo. Depois desci até a cozinha pela escada dos fundos, mantendo-me fora da vista de Seth, Ruth e Claire, que continuavam conversando em volta da mesa. Peguei um balde, um escovão, uma caixa de detergente no armário debaixo da pia, dois rolos de toalhas de papel, e voltei para o banheiro pela escada de serviço.

Foi mais fácil lidar com a merda em frente do vaso, pois ali ela formava uma massa mais ou menos compacta. Era só pegar do chão, jogar na privada e puxar a descarga. A porta do boxe, o peitoril da janela, a pia, o pratinho do sabonete, as luminárias e os suportes de toalhas não foram problema. Uma porção de toalhas de papel e muito detergente. Mas onde ela tinha se depositado nas frestas estreitas e irregulares do assoalho, entre as velhas e largas tábuas de castanheiro, aí tudo se complicou. Como o escovão que eu havia trazido só parecia piorar as coisas, a certa altura apanhei minha escova de dentes e, mergulhando-a repetidamente no balde cheio de água quente misturada com o detergente, avancei centímetro por centímetro, fresta por fresta, de parede a parede, até que o chão ficou tão limpo quanto eu era capaz de fazê-lo. Depois de passar quinze minutos ajoelhado, concluí que teríamos de viver com as partículas que, alojadas profundamente, ficaram fora de meu alcance. Tirei a cortina da

125

janela, embora ela parecesse limpa, e a empurrei para dentro da fronha junto com todas as outras coisas sujas. Trouxe água de colônia do banheiro de Claire, que espalhei generosamente pelo aposento lavado e escovado usando as pontas dos dedos como se fosse água benta. Liguei um pequeno ventilador num canto e voltei ao banheiro de Claire, onde lavei as mãos, os braços e o rosto. Havia um pouco de merda no meu cabelo, por isso lavei também a cabeça.

Voltei ao quarto na ponta dos pés e ele dormia, respirando ainda, vivo ainda, ainda comigo — mais uma provação vencida por esse homem que eu conhecera desde sempre como meu pai. Entristeceu-me pensar na sua luta heroica e malograda para se limpar antes que eu chegasse ao banheiro, na vergonha e na humilhação por que passou, porém agora que tudo terminara e ele dormia um sono profundo entendi que até ele morrer eu não podia pedir mais nada para mim — aquilo também estava certo, era o que tinha de ser. A gente limpa a merda de um pai porque ela precisa ser limpa, mas, depois de limpá-la, tudo que se deve sentir é sentido como nunca antes. E nem era a primeira vez que eu compreendia isso: tão logo a gente supera o nojo, ignora a náusea e descarta aquelas fobias fortalecidas como tabus, há muita vida para ser acalentada.

Embora baste uma vez, acrescentei, me dirigindo mentalmente ao cérebro adormecido que vinha sendo comprimido pelo tumor cartilaginoso: se eu tiver de fazer isso todo dia, possivelmente não vou acabar me sentindo tão empolgado.

Levei a fronha fedorenta para baixo e a pus num saco de lixo preto que fechei bem fechado, jogando-o no porta-malas do carro para deixar mais tarde na lavanderia. E, agora que a tarefa fora concluída, não podia estar mais clara para mim a *razão* pela qual aquilo era certo e era o que tinha de ser. *Aquilo* era o patrimônio. Não porque limpá-lo simbolizasse alguma outra coisa, mas porque não simbolizava nada, porque era nada mais, nada menos do que a realidade existencial nua e crua.

Ali estava o meu patrimônio: não o dinheiro, não os tefilins, não a tigela de barbear, mas a merda.

126

***

Ajudei-o a tomar banho na noite seguinte. Pela manhã, ao fazer sua cama, voltei a encontrar manchas de sangue na calça do pijama e na camada de toalhas de banho que protegiam o lençol de baixo. Perguntei se ele tinha reparado em todo aquele sangue e ele me disse que isso acontecia quando não tomava um banho de assento antes de ir dormir. "Mas se é só isso, você pode usar o banheiro da frente", eu disse. "Devia ter me contado, não precisa tomar banho de chuveiro."

"Preciso de sais de Epsom."

Fui à farmácia da cidade mais próxima comprar uma caixa de sais de Epsom e, à noite, enchi a banheira e misturei um pouco do sal na água. Sentei na borda da banheira enquanto a água corria, testando a temperatura com o cotovelo — como minha mãe fazia. Ele esperou sentado no vaso tampado, vestido com meu roupão vermelho. Quando a banheira encheu, pus o tapete de borracha no fundo para evitar que ele caísse ao entrar ou sair. Ofereci-lhe o braço, mas ele não me deixou ajudá-lo mesmo depois que insisti. Em vez disso, afastou-me e, se ajoelhando e girando o corpo, conseguiu pôr uma perna dentro d'água e depois a outra; uma vez na banheira, girou lentamente sobre os joelhos até ficar de frente.

"Uma manobra complicada", comentei.

"Faço isso sozinho de noite."

"Bom, vou ficar sentado aqui. Caso você precise de mim."

"Ah, está gostoso", ele disse, puxando a água para cima do peito com as duas mãos.

Debilmente de início, depois com mais vigor, ele começou a flexionar os joelhos e pude ver os músculos se contraindo nas pernas finas. Olhei para seu pênis. Não creio que o tivesse visto desde meus tempos de menininho, quando o tinha achado bem grande. Verifiquei que estava certo. Era grosso e de bom tamanho, a única parte de seu corpo que não parecia nem um pouco envelhecida. Aparentava estar pronto para entrar em serviço. Diâmetro maior, reparei, do que o meu. "Bom para ele", pensei. "Que ótimo se deu prazer a ele e a mamãe." Olhei-o com atenção, como se pela primeiríssima vez, e esperei para ver que pensamentos me ocorreriam. Mas não veio nada, a não ser o lembrete a mim mesmo no sentido de fixá-lo na memória para quando ele estivesse morto. Isso poderia impedir que toda a sua figura se tornasse etereamente rarefeita com o passar dos anos. "Preciso lembrar com precisão." *Você não deve esquecer nada.*

Agora, ele levantava e baixava as pernas energicamente, como uma criança brincando na água, porém não havia nenhum traço do prazer de uma criança na seriedade estampada em seu meio rosto. Como vinha fazendo com relação a quase tudo ultimamente, ele dava a impressão de se dedicar de corpo e alma ao banho, como se aquilo também devesse ser executado com grande afinco.

Lavei-lhe as costas e, enquanto notava como seu corpo ficara pálido, ele disse: "Isso só tinha acontecido comigo uma vez em toda a minha vida".

Compreendi a que ele se referia e continuei a ensaboá-lo com o pano, como se uma boa esfregada pudesse renovar parte de seu vigor.

"Foi depois que me transferiram para o sul de Jersey", continuou. "Quando assumi o distrito de Maple Shade. Tinha quarenta homens sob meu comando. Escritório grande. Doze secretárias. Recebi um telefonema no meio da noite dizendo que havia alguém no escritório — alguém, me disseram, tinha assaltado o escritório. Saí da cama e, antes de eu chegar à privada, a mesma coisa aconteceu. Deve ter sido por causa do medo."

"Toma", eu disse, passando-lhe o sabonete e o pano. Sentei-me na tampa do vaso e o observei enquanto ele lavava cuidadosamente o traseiro. Depois, com uma das mãos de cada lado, afastou as nádegas. "O médico me falou para fazer isso", explicou.

"Muito bom, boa ideia. Não tenha pressa."

Em 1956, quando tinha exatamente a minha idade, a Metropolitan Life incumbira papai de dirigir um escritório com quarenta corretores, assistentes, representantes e um corpo de doze secretárias. Como gerente, ele exigia tanto de seus funcio-

128

nários quanto de si próprio, sendo a transferência para o distrito de Maple Shade sua terceira promoção desde 1948, quando deixou o cargo de assistente em Newark. O que essas promoções significaram é que lhe atribuíram a responsabilidade por um escritório maior e com um potencial também maior de aumentar sua renda, porém em condições piores e com uma receita menor do que o escritório anterior, que ele havia recuperado e transformado a duras penas num dos mais produtivos da região. Para ele, os avanços eram também uma espécie de retrocesso, forçando-o a lutar sempre montanha acima.

Sentado ali, vendo-o deixar que a água quente banhasse as fissuras anais que, segundo ele me disse, causavam o sangramento, concluí que a Metropolitan Life Insurance Company jamais reconheceu suficientemente o que Herman Roth significou para ela. Tinham-no premiado com uma pensão bem decente e, durante sua vida profissional, recebera inúmeras placas, diplomas e botões de lapela que atestavam suas realizações. Sem dúvida, dezenas de gerentes devem ter trabalhado com igual perseverança e não menos sucesso, mas, dos milhares de gerentes de distrito espalhados por todo o país, simplesmente não poderia ter havido outro que, ao ser avisado no meio da noite que seu escritório fora assaltado, tivesse se cagado de medo. Tal espécie de fidelidade deveria ter levado a companhia a beatificar Herman Roth, assim como a Igreja beatifica os mártires que sofrem por sua causa.

E teria eu, como filho, recebido uma devoção menos primitiva e absoluta? Nem sempre a mais esclarecida — na verdade, uma devoção da qual eu já queria me desvencilhar aos dezesseis anos por me sentir deformado por ela, mas uma devoção que agora achava gratificante poder de certo modo retribuir me sentando na tampa da privada e tomando conta dele enquanto erguia e baixava as pernas como um bebê na banheirinha.

Você pode achar que não significa muito um filho proteger carinhosamente o pai depois que ele se torna indefeso e está quase destruído. Só posso responder que tive o mesmo senso de proteção por suas vulnerabilidades (como homem com fortes laços de família vulnerável às tensões familiares, como arrimo de família vulnerável à incerteza financeira, como um filho chucro de imigrantes judeus vulnerável ao preconceito social) quando eu ainda não havia saído de casa e ele, além de exibir uma saúde de ferro, me enlouquecia com conselhos inúteis, censuras descabidas e raciocínios que me faziam, sozinho no quarto, dar socos na testa e urrar de desespero. Essa fora exatamente a discrepância que transformara o repúdio à sua autoridade num conflito tão opressivo, por estar carregado de angústia mas também de desprezo. Ele não era um pai qualquer, era *o* pai, com tudo que há para se odiar num pai e com tudo que há para se amar.

No dia seguinte, quando Lil telefonou de Elizabeth para perguntar como ele estava, ouvi-o dizer, sem saber que eu estava escutando: "O Philip é como uma mãe para mim".

Fiquei surpreso. Imaginei que ele diria "como um pai para mim", mas sua descrição de fato expressava uma percepção mais aguda do que minhas expectativas banais, ao mesmo tempo que era mais franca, mais autêntica e, de forma invejável, rudemente verdadeira. É, ele estava sempre me ensinando alguma coisa, não as coisas convencionais de um pai americano, não as coisas que se aprendem na escola, as coisas do esporte, a lenga-lenga do Príncipe Encantado, e sim algo mais tosco do que era possível compatibilizar com meu desejo juvenil, previsivelmente egotístico, de ter um pai fino e ponderado em vez do pai pouco instruído que me envergonhava ao mesmo tempo que sua vulnerabilidade, em especial como objeto de discriminação antissemítica, estimulava minha solidariedade para com ele e fortalecia meu ódio para com quem o menosprezava: ele me ensinou o vernáculo. Ele *era* o vernáculo, sem poesia, expressivo e direto, com todas as evidentes limitações do vernáculo e com toda a sua enorme capacidade de resistência.

Na verdade, o antissemitismo havia sido objeto de uma breve troca de cartas que eu havia mantido no outono anterior com

John Creedon, presidente e principal executivo da Metropolitan Life, em virtude de um ensaio autobiográfico que eu publicara em outubro no *New York Times Book Review*. O artigo, que com o título de "Seguro em casa" se tornou o primeiro capítulo do livro *The facts*, descrevia minha vizinhança em Newark como um santuário de proteção às crianças judias que lá cresceram nas décadas de 1930 e 40, quando eu, por exemplo, como americano, me sentira ameaçado por alemães e japoneses; embora fosse apenas uma criança, "eu tinha consciência", como judeu, "do poder de intimidação que emanava das mais altas e das mais baixas camadas dos Estados Unidos não judeu".

A alusão que fiz à discriminação corporativa praticada pela Metropolitan Life naqueles tempos foi o que mereceu a atenção de John Creedon em sua carta. Após lembrar que havia se encontrado com meu pai muitos anos antes, Creedon disse que ele nada comentara na ocasião sobre tal discriminação; e que ele tinha total confiança de não existir nenhum tipo de discriminação na Metropolitan nos dias de hoje. O que o levara a me escrever, explicou, havia sido a carta de crítica a meu artigo no *Times* que ele recebera de um antigo colega, um médico aposentado que havia trabalhado na companhia nos anos 1940. Junto com sua carta, Creedon mandou-me cópia da troca de correspondência entre os dois que eu sem querer havia provocado.

A carta do médico para Creedon dedicava três parágrafos para refutar minha caracterização da Metropolitan como discriminatória nos anos 1930 e 40. Dizia a Creedon estar "chocado" com o fato de que Philip Roth pudesse acreditar nisso e, como prova em contrário, mencionava que "um dos executivos mais conhecidos da Metropolitan era um judeu, Louis I. Dublin, famoso em todo o mundo pelas declarações e análises estatísticas sobre saúde pública que fazia em nome da empresa", e que outro judeu, Lee Frankel, tinha sido "um alto funcionário e virtualmente o braço direito de Haley Fisk, o presidente da companhia". "Suponho", continuava, "que o sr. Roth se defenderá dizendo que essas eram impressões da infância e que talvez apenas tenha reagido a opiniões e atitudes manifestadas em sua casa sobre a Metropolitan. Gostaria que tentássemos, de algum modo, corrigir tais impressões."

Na resposta de Creedon ao médico, ele mencionou ter convidado papai para um almoço no escritório central alguns anos antes, após encontrar-se com meu irmão num jantar de gala em Chicago e saber de sua carreira na Metropolitan, começando como um corretor de baixo escalão e terminando como gerente de distrito num escritório de bom tamanho. Creedon descreveu papai como uma pessoa interessante e acrescentou que se as opiniões que ele mantivera no passado sobre discriminação religiosa na Metropolitan haviam sido registradas corretamente na autobiografia de seu filho, elas sem dúvida tinham mudado desde então.

Se o médico se sentia chocado por eu pensar que uma grande seguradora norte-americana houvesse algum dia discriminado judeus, não era menor minha surpresa ao ver que dois dos executivos mais destacados da empresa, cujas cartas eram de resto bem-intencionadas, pudessem achar que um fato histórico tão simples ainda devesse ser negado nos últimos anos da década de 1980, ao menos para benefício deles próprios. No entanto, caso essa inocência inverossímil fosse a única coisa mais irritante nas cartas, eu provavelmente haveria respondido com um bilhete cordial afirmando ter razões para manter uma opinião diferente, dando fim ao episódio. O que me exasperou e me levou a prosseguir é que ambos estavam determinados a culpar papai pela percepção negativa da companhia, em virtude das "atitudes" e "opiniões" incomprovadas dele, e não das práticas anteriores da empresa.

Telefonei para papai após receber essas cartas e lhe disse: "Ei, você estava errado esse tempo todo sobre a Metropolitan. Eles amavam os judeus. Não conseguiam promovê-los com suficiente rapidez. O resto era tudo paranoia judaica".

Li a carta que o médico escrevera para John Creedon em resposta a meu artigo.

Quando terminei, ele soltou um risinho algo sardônico.

"E então, o que você achou?"

132

"Esse sujeito é muito ingênuo. Como é mesmo o nome dele?"
Dei o nome.

"O Dublin sem dúvida era judeu", ele disse. "Assim como meu chefe, o Peterfreund. Mas um judeu subir na companhia como um cristão? Naquele tempo? Esquece. Dava para contar nos dedos da mão os judeus do escritório central."

Depois disso, passei algumas tardes nos arquivos do Comitê Judaico Americano, na rua 56 Leste. O lugar tinha sido indicado por um funcionário da Liga Antidifamação B'nai Brith quando telefonei para perguntar onde eu podia fazer uma pesquisa sobre a discriminação na indústria de seguros. Após compilar várias páginas de notas retiradas de artigos publicados ao longo dos anos pelo *New York Times* e de memorandos da Seção de Direitos Civis do Comitê Judaico Americano, além de diversos livros e revistas, redigi uma carta de duas páginas e meia para John Creedon, fornecendo documentação para aquelas "atitudes" de papai que ele e o doutor tinham sido tão rápidos em desmerecer.

10 de dezembro de 1987
Prezado sr. Creedon,

... Como o senhor sugere em sua carta, estou seguro de que as oportunidades de nível executivo para grupos minoritários cresceram muito na Metropolitan desde as décadas de 1930 e 40, período sobre o qual escrevi em meu ensaio autobiográfico. Desde a ratificação da Lei sobre Práticas Justas de Emprego, em 1951, registrou-se, sem dúvida, uma pressão permanente e exitosa sobre as empresas e indústrias anteriormente discriminatórias a fim de que recrutem, contratem e promovam para cargos gerenciais e executivos membros dos grupos minoritários. Não obstante, ainda nos últimos anos da década de 1960, o governo federal — segundo artigo do New York Times *de 20 de março de 1966 — foi obrigado a iniciar "uma campanha discreta mas aparentemente firme contra as alegadas discriminações religiosas nas empresas seguradoras." "O objetivo", diz o artigo, "consiste em abrir va-*

133

gas de nível executivo para judeus e católicos romanos, bem como para negros e outras minorias raciais, em firmas cujos cargos de mando podem ser reservados para protestantes de origem anglo--saxônica."

Fui adiante citando uma investigação da indústria de seguros publicada em 1966 pelo procurador-geral do estado de Nova York, Louis Lefkowitz, e um estudo feito em 1960, quando papai ainda trabalhava na Metropolitan, o qual mostrava que, nas sedes das sete maiores empresas de seguros de vida, os judeus representavam três e meio por cento do total de executivos, e que dois terços deles geralmente estavam restritos, como Louis I. Dublin, à área de estatísticas ou eram admitidos como técnicos atuariais, médicos, advogados ou contadores. Terminei dizendo: "À luz do que todos esses dados revelam sobre as práticas discriminatórias na história das principais seguradoras do país [...] me pergunto por que seriam as opiniões de meu pai que o senhor esperaria ver mudadas: os fatos históricos não justificam uma revisão das opiniões dele. O que se exigiu foi a revisão das políticas das seguradoras com respeito aos grupos minoritários, e isso, na verdade, ocorreu em resposta a uma lei federal e às investigações governamentais".

Enviei uma cópia para Creedon e, quando voltei a ver papai, lhe dei outra cópia.

Depois de lê-la, ele parecia não atinar com o que eu havia feito.

"Como é que você descobre todas essas coisas?"

"Nos arquivos do Comitê Judaico Americano. Passei algumas tardes lá."

"Ele é um sujeito simpaticíssimo, o sr. Creedon. Me convidou para almoçar no escritório central, você sabe."

"Eu sei."

"Mandou uma limusine me pegar aqui e me levar ao escritório central naquele dia."

"Olhe, tenho certeza de que ele é um sujeito simpático. Só que o senso de história dele tem alguns furos."

"Bom, você colocou tudo em pratos limpos para ele, colocou mesmo."

"Não gostei do que ele escreveu sobre você — que esperava que *você* mudasse de opinião. Ora, vai se foder."

"Eles foram muito bons comigo, a Metropolitan. Você sabe quanto de pensão já recebi desde que me aposentei? Calculei aqui na semana passada. Mais de um quarto de um milhão de dólares."

"Isso não é nada. Você vale o dobro disso."

"Só com o curso primário? Valho mesmo?" Deu uma risada. "Eu não tinha nada, absolutamente nada. Sua mãe e eu estávamos quebrados, e eles me contrataram. É um milagre o que aconteceu com um homem como eu."

"Porra nenhuma. Você trabalhou. Deu o sangue por eles. Você tem sua história e eles têm a deles. A diferença é que você admite a sua, diz que não era 'nada', mas eles não gostam de admitir a deles, se é que essas cartas servem de alguma indicação."

"Eles não gostam da verdade. O que há de tão especial nisso? Me faz um favor, está bem? Depois disso", ele disse, erguendo minha carta, "chega, está bem?"

Isto era novo, papai manifestando desapontamento com alguma coisa escrita por mim. Nos meus romances sobre Nathan Zuckerman, eu lhe dera um pai que não suportava o retrato que seu filho escritor fazia dos personagens judeus, enquanto o destino me havia dado um pai ferozmente leal e devotado que jamais encontrara qualquer coisa para criticar em meus livros — o que o enraivecia eram os judeus que atacavam minhas obras como antissemitas, achando que expressavam ódio aos judeus. Não, o que deixava papai nervoso não era o que eu escrevia sobre os judeus, e sim, como ficou claro, o que eu havia escrito agora sobre os góis — sobre góis e para góis, em especial góis que haviam sido seus superiores.

"Não acho que eles vão mexer com sua pensão por causa da minha carta, se é isso que está te preocupando."

"Não estou preocupado com nada."

"Certamente eu não queria chateá-lo. Muito pelo contrário."

"Eu não estou chateado. Mas simplesmente não manda mais nenhuma carta para eles."

E, no entanto, no enterro de papai, minha prima Ann me contou que, quando ela e seu marido tinham ido visitá-lo uma noite, ele procurara a carta em meio a outros papéis e a mostrara, orgulhoso, para Peter, que era seu advogado. A mim, nunca voltou a mencioná-la, nem eu recebi resposta alguma de qualquer pessoa da Metropolitan.

Ele ficou conosco em Connecticut uma semana após a biópsia e, às vésperas de retornar a Elizabeth, a boca já doía muito pouco, permitindo que voltasse a comer com apetite. Recuperara os poucos quilos perdidos no hospital e até a força suficiente para fazer pequenos passeios comigo depois do café da manhã e à tarde. Todas as manhãs aparecia na cozinha dizendo: "Dormi como uma pedra" e, à noite, terminado o jantar, continuava sentado com sua xícara de café diante de Claire e, tendo eu saído havia muito de mansinho para ler ou ver o jogo de beisebol, ele ainda se deixava ficar na cozinha contando histórias da família e suas peripécias nos Estados Unidos. Eram histórias tediosas, em geral sem sentido para quem não fosse da família, e, presumia-se, a essa altura tremendamente repetitivas até para ele (esse morreu, esse se casou, esse jogou fora todo o dinheiro, esse perdeu a mulher, esse, graças a Deus, finalmente se deu bem). Entretanto, as recitava uma noite atrás da outra, com o mesmo frescor com que Yul Brynner cantava pela milésima vez "Tis a Puzzlement" no filme *O rei e eu*. Todas as noites, Claire se sentava e ouvia, morta de enfado, mas muito impressionada com a urgência com que aquela sinuosa saga se desdobrava ou com o poder hipnótico que o destino banal de uma família comum de imigrantes ainda parecia exercer sobre ele aos oitenta e sete anos de idade. Como seu irmão mais velho, Charlie, morto em 1936, havia se casado com Fanny Spitzer em 1912; como depois da morte de Fanny, catorze anos depois, Charlie havia se casado com Sophie Lasker; como

Sophie era uma mãe para Milton, Rhoda, Kenny e Jeanette; como, em 1942, Jeanette morreu com apenas vinte e oito anos; como Morris, o irmão empreendedor e próspero dele, que morrera com vinte e nove anos, tinha uma fábrica de cadarços para sapatos na Pacific Street, onde meu avô punha pontas de aço nos cordões; como Morris tinha duas casas e quatro garagens; como ele deixara sua fortuna para uma mulher gastadeira que, após sua morte, havia comprado um Velie. "Já ouviu falar de um carro chamado Velie? Procura ver. V - e - l - i - e. Era um conversível grande. Foi tudo embora, Ella vendeu tudo. Aí casou outra vez. Casou com um sujeito que a emprenhou, mas ela achou que estava com um caroço qualquer no estômago. Era um capitão do Exército, tomou todo o dinheiro dela, a fortuna do Morris, e foi para a Alemanha, fez ela comprar couro, mas o pai dela, o tio Klein, disse que eles tinham de pagar o dinheiro para um banco americano e ele se recusava a entregar o conhecimento de embarque. Tio Klein possuía uma lojinha que vendia uma porção de bugigangas na esquina da Avon Avenue — não, da Clinton Avenue, da Clinton com a Hunterdon Street..." Este era o Deuteronômio de papai, a história da Israel dele, e, desde que se aposentara, estivesse ele num cruzeiro pelo Caribe, no vestíbulo de um hotel na Flórida ou na sala de espera de um médico, quem se sentasse à sua frente por algum tempo dificilmente escaparia de ouvir ao menos uma versão resumida desse texto sagrado. Por vezes, góis, encontrados por acaso nas viagens que ele fazia com mamãe, se levantavam no meio de uma frase e iam embora; e até mesmo nas ocasiões em que mamãe ousara lhe explicar por que um total estranho poderia não estar interessado na sapataria do Charlie na Belmont Avenue ou no cinema de Morris vizinho à fábrica de cadarços na Pacific Street, ele nunca parecia entender, ou querer entender. Todas as privações, recuperações e regenerações, todas aquelas pessoas, todas as mortes, o muito que haviam trabalhado — como alguém podia não se sensibilizar e até mesmo, em última análise, não se maravilhar tanto quanto ele com a forma pela qual nossos Roth haviam perseverado e resistido nos Estados Unidos?

No final da semana o levei de carro até Elizabeth, parando antes em Manhattan para uma consulta com o oftalmologista. Havíamos decidido que agora só cabia esquecer o tumor e levar adiante a operação no olho. Ele faria um exame pré-cirúrgico naquela tarde e deveria voltar ao hospital no começo de julho, após o longo feriado, a fim de remover a catarata. Meu irmão iria acompanhá-lo na cirurgia.

Como ele estava noventa por cento cego do olho direito, a operação no esquerdo o deixaria praticamente sem visão, segundo o médico, por um período de talvez três ou quatro semanas. Tivemos muito pouco tempo para encontrar alguém que cuidasse dele durante a convalescença, mas, por sorte, depois de apenas uns dois dias de telefonemas, fiquei sabendo que a antiga empregada de meu irmão, Ingrid Burlin, que por cinco anos havia ajudado Sandy a criar dois filhos depois que sua primeira mulher morrera de câncer em 1971, estava deixando o emprego com uma família de Manhattan. Ingrid dispôs-se a trabalhar para nós a partir do dia em que ele voltasse para casa depois da operação de catarata, ficando lá até que papai e Lil fossem, em dezembro, passar quatro meses em West Palm Beach (se o tumor o poupasse por todo esse tempo). Ingrid era uma mulher de uns quarenta anos, extraordinariamente calorosa, inteligente e confiável a quem tanto mamãe quanto papai se haviam afeiçoado durante os anos em que servira a meu irmão, e parecia uma sorte incrível ela estar disponível exatamente naquele momento. Ela iria de ônibus de Manhattan cinco ou seis dias por semana e ficaria lá oito horas para cozinhar, fazer compras e arrumar o apartamento; além disso, o que mais nos aliviou é que Ingrid lhe faria companhia enquanto ele estivesse preso em casa. Como Sandy e eu sabíamos que nosso pai não mexeria em seus certificados de depósito ou contas de poupança para pagar o salário dela, concordamos em dividir o custo e nos reembolsarmos com os recursos herdados após sua morte. Havia dinheiro suficiente para pagar Ingrid por três anos, caso ele vivesse tanto tempo, o que não era provável.

No caminho, reparando que seu estado de espírito havia

começado a se deteriorar agora que a semana conosco terminara e tudo de ruim parecia voltar a cercá-lo, lembrei que a presença de Ingrid faria uma grande diferença — assim como a cirurgia da catarata. Com Ingrid por perto e sua visão restaurada, ele ficaria bem menos dependente de Lil, e a tensão entre eles, que fora exacerbada por sua doença, talvez se tornasse mais uma vez administrável.

No entanto, ao dizer isso deflagrei algo que eu não tinha previsto. "De repente, ela virou uma judia", ele me disse. "Eu precisava arrastar ela para o serviço. Até me conhecer, ela nem ia. Lil nem sabia onde a sinagoga *ficava*. Mas, na sexta-feira antes da minha operação, ela me deixou sozinho para ir ao serviço. Eu disse a ela: 'Até um cachorro fica junto com o seu dono. As pessoas compram um cachorro para ter companhia, e você foge de mim!'."

"Bom", retruquei, "um cachorro talvez não tenha sido o melhor exemplo. Posso entender por que ela não se sentiu lisonjeada com a comparação."

Mas ele não estava disposto a ouvir gracinhas ou ser apaziguado. Agora que estava voltando para casa, seu sentimento era de ódio. Perguntei-me se o que ele expressava não era um ódio oculto de mim por levá-lo de volta à casa. Ou talvez estivesse furioso por causa da pergunta que não se dera ao incômodo de fazer ao dr. Benjamin, ao dr. Meyerson ou a mim, o filho escritor, por saber que nenhum de nós, malgrado nossos estudos e diplomas, nossas frases fluentes e palavras bonitas, seria capaz de respondê-la melhor do que ele. Por que um homem devia morrer? Essa pergunta era suficiente para enfurecer qualquer um. Porra, ele era indispensável, se não mais para outras pessoas, para si próprio. Sendo assim, por que devia morrer? Que alguém realmente inteligente respondesse a essa pergunta!

"Ela não faz nada direito."

"E quem faz?"

"Sua mãe fazia. Ela fazia tudo direito."

"Então isso a tornava a única no mundo, não é mesmo? Quem sabe você podia largar um pouco do pé da Lil."

"Olha, tem muitas mulheres na Flórida com quem eu podia ir morar. Estão doidas pela minha companhia."

Eu teria sido muito cruel se, um momento antes, o tivesse lembrado de que mamãe, que tinha parecido fazer tudo certo quando ele passava de dez a doze horas por dia no escritório, não foi considerada tão perfeita durante seus últimos anos de vida. Ou se o tivesse lembrado de que as mulheres de Bal Harbour que ele seduzira em 1981 — quando, recém-enviuvado, diariamente exibia por quinze minutos seu nado de peito lento e metódico na piscina do condomínio, para depois se sentar ao sol vestindo apenas o calção e o roupão a fim de contar às "garotas" as piadas que ouvira no Centro Comunitário de Elizabeth — talvez não estivessem tão loucas pela companhia do homem que ele era em 1988.

Seja como for, ele não precisou que eu o lembrasse. Isso lhe ocorreu espontaneamente alguns segundos depois e o deixou ainda mais irado, dessa vez tendo como objeto ostensivo a irmã de Lil, que não se contava entre suas pessoas favoritas (sentimento, pelo que entendi, recíproco).

"Por que uma não casa com a outra?", ele perguntou. "Ficam no telefone dezesseis horas por dia — por que ela não se casa com a irmã e resolve o problema?"

Mas houve um tempo em que Lil queria se casar é com meu pai. Só que ele estava casado, se não ainda com mamãe, com o casamento deles. Anos antes, num estado de ânimo mais desanuviado, ele havia me dito: "Às vezes acho que sua mãe mandou a Lil para mim". Surpreendi-me com essa pieguice tão incaracterística, porém, como não via nenhum mal naquilo — imaginei mesmo que pudesse ser uma forma de aliviar sua consciência, minorando um pouco a vergonha e a culpa resultantes de sua fidelidade a um cadáver —, comentei: "Quem sabe? Talvez ela tenha mandado mesmo". Papai parecia buscar algum modo, se não de amar Lil de todo o coração (até ele era suficientemente experimentado para não esperar tal coisa), ao menos de lhe oferecer uma posição de igualdade no seu especialíssimo clã, que para ele compartilhava uma história sem par.

Sempre muito atencioso e devotado a qualquer amigo doente, ele provavelmente nunca esteve tão perto da condição de marido amoroso do que quando apoiou Lil, ao longo de um ano, durante suas duas mastectomias e o período de convalescença. Porém só como paciente dele Lil chegou próximo de ser uma esposa querida. Desde que *ele* começou a fraquejar, desde que passou a precisar crescentemente de ajuda, ela estava condenada, devido às suas imperfeições, a não alcançar nunca o status de Bess Roth, a quem ele agora exaltava, juntamente com sua mãe, como modelos de feminilidade. Com Lil, tão logo o encanto romântico minguou, ele viveu a versão menos censurada do que havia feito com mamãe, sobretudo na fase final.

Temporariamente esgotado pelo acesso de raiva, logo deixou a cabeça pender para a frente e dormiu. Ao acordar, na Estrada 684, os objetos de sua cólera passaram a ser os motoristas e a forma como dirigiam. Alguém trocou de pista à minha frente e ele esbravejou: "Que porra esse cara está fazendo?". Um carro me ultrapassou a toda pela esquerda e ele exclamou: "Será que ninguém respeita mais o limite de noventa quilômetros?". E depois: "Esses malditos caminhões!". E depois: "Fumando! Ela tem um bebê no carro e está fumando!".

"Calma", eu disse.

"Agora ainda tem os telefones. Essa é uma invenção brilhante. Dirigem e falam no telefone! Talvez Ingrid possa ajudar o Abe", ele disse subitamente.

"O quê? Do que você está falando?"

"Talvez a Ingrid possa ajudar o Abe", ele repetiu. "O Abe vive com uma filha da mãe terrível."

Abe era um vizinho de noventa e três anos com quem papai tentava passear todos os dias quando fazia tempo bom. Abe, que parecia bastante alerta, andava com o corpo incrivelmente empertigado e passadas confiantes para alguém tão velho, embora, quando saíam à tarde para uma volta no quarteirão, os dois se dessem os braços para ter certeza de que nenhum deles tropeçaria no cimento esburacado das calçadas. "O coxo e o cego", papai dizia do par, fazendo uma careta. Às vezes iam pela

North Broad Street até a farmácia, outras vezes à barbearia, e certo dia, quando lá cheguei, haviam acabado de votar juntos nas eleições primárias para prefeito. Segundo papai, o resultado das eleições já estava garantido, mas o ato de votar lhes dera algo para fazer. E, sempre que retornavam de onde quer que tivessem ido e Abe subia para seu apartamento, papai não deixava de dizer: "Daqui a cinco minutos ele vai esquecer que me viu".

No dia em que fui lhe contar sobre o tumor, Abe telefonou logo depois que eu dera a má notícia e papai estava encolhido no canto do sofá contemplando o que o aguardava. Levantei-me e atendi o telefone, ouvindo a voz vibrante e jovial de Abe. "Alô, Herman?" "Não, é o Philip", respondi. "Será que seu pai quer dar uma voltinha?" "Agora ele quer sentar e conversar, Abe. Talvez ele saia depois." Não haviam se passado nem dez minutos quando o telefone voltou a tocar. "Seu pai não quer dar uma voltinha?" "Não, Abe, sinto muito, mas agora não." Após desligar pela segunda vez, deixei o telefone fora do gancho como havia feito na noite anterior ao enterro de mamãe, quando Wilkins, o outro vizinho, tentara assustar papai com seu riso alucinado.

"Qual é o número da Ingrid em Nova York? Vou falar com ela sobre o Abe."

"Papai, deixe o Abe em paz, está bem? No momento vamos deixar a Ingrid cuidando só de você."

"Depois que eu arrumar esta porra deste olho! Se eu enxergasse, podia ir ao banco, podia ir ao dentista, não ia precisar de ninguém."

"Muito bem, você vai arrumar o olho daqui algumas semanas. O David Krohn está fazendo o diabo para conseguir uma vaga para você assim que possível. É por isso que vamos vê-lo hoje."

"Quando a tia Millie morreu, Ann me chamou e eu não aguentei, choramos juntos no telefone por causa dela durante meia hora. Te contei isso?

"Ann, você se lembra, era filha da irmã mais nova da minha mãe."

142

"Chorei meia hora", ele disse. "E sabe por quem eu estava chorando? Pela sua mãe. Quando ela morreu, corri para o hospital gritando 'Onde está a minha mulher? O que é que vocês estão fazendo pela minha mulher?'. Não tive tempo de chorar, eu estava com muita raiva. Mas quando eu soube que a Millie tinha morrido, ela era a última parte da sua mãe a ir embora, aí chorei como um bebê."

Estávamos entrando em Manhattan pela West Side Highway quando ele acordou da terceira soneca e, resignado, parecendo um pouco envergonhado, disse: "Talvez a Ingrid possa cuidar de mim para sempre".

"Isso também é possível", respondi.

6. LUTARAM PORQUE ERAM GUERREIROS, E LUTARAM PORQUE ERAM JUDEUS

TRANSCORREU QUASE UM ANO ANTES QUE, de repente, ele começasse a perder o equilíbrio. Nesse meio-tempo, a catarata havia sido removida — praticamente restaurando toda a visão ao olho esquerdo — e ele e Lil tinham ido passar os quatro meses de praxe na Flórida. Em dezembro, chegaram a comparecer ao casamento, em Palm Beach, para o qual Sandy Kuvin os convidara na primavera anterior, quando o neurocirurgião me havia dito que, se eu não concordasse com a cirurgia, num tempo relativamente curto ele iria piorar muito — época em que eu pensava que ele jamais voltaria a ver a Flórida.

Quando ele retornou a Elizabeth em fins de março e fui lhe dar as boas-vindas, notei que seu estado já havia se complicado desde que o vira na Flórida um mês antes. A cabeça começara a doer quase todos os dias, a paralisia facial dava a impressão de ter avançado, tornando sua fala agora quase ininteligível, e, de forma alarmante, ele mal conseguia se manter de pé. Uma noite, poucas semanas após seu retorno, ao se levantar da cama para ir ao banheiro perdeu o equilíbrio (ou desmaiou) e caiu. Ficou estendido no chão do banheiro por uns dez minutos até que Lil acordasse e ouvisse seus chamados. Sofreu apenas com a pancada violenta nas costelas, porém o dano para seu ânimo foi enorme.

Por volta dessa época, um amigo me falara sobre um documento legal que, em caso de invalidez física ou mental extrema da qual não há uma expectativa razoável de recuperação, permite à pessoa declarar com antecipação sua recusa à aplicação de qualquer sistema de sustentação artificial da vida. O signatário designa quem tomará as decisões de tratamento médico que sejam necessárias caso fique incapacitado de fazê-lo. Consultei minha advogada para saber se esse tipo de disposição era válido em Nova Jersey e, quando ela disse que sim, a instruí a preparar dois documentos desses, um para meu pai e outro para mim.

Na semana seguinte, fui de carro até Nova Jersey jantar com papai, Lil e Ingrid, que voltara a trabalhar para ele depois de seu retorno da Flórida, tendo começado em julho do ano anterior após a cirurgia da catarata. Trouxe minha própria declaração, assinada e autenticada naquela tarde, assim como a que fora preparada para ele por minha advogada, na qual o poder de tomar as decisões médicas — caso ele não fosse capaz de fazê-lo — era atribuído a meu irmão e a mim. Eu tinha esperança de que, se eu mostrasse a minha já formalizada, a assinatura de sua declaração não lhe pareceria um augúrio, e sim uma providência prática que qualquer adulto deveria tomar independentemente de sua idade ou condição física.

Entretanto, ao chegar lá e verificar como ele ainda estava deprimido por causa da queda no banheiro, percebi que era ainda mais difícil para mim lhe falar da declaração do que tinha sido lhe falar do tumor cerebral no ano anterior. Na verdade, não consegui fazer isso. Como Ingrid havia preparado um grande peru para o jantar e eu tinha trazido vinho, ficamos um bom tempo sentados à volta da mesa, onde, em vez de explicar a natureza do documento e por que desejava que ele o assinasse, tentei afastar tanto quanto pude de sua mente a ideia da morte falando sobre um livro que acabara de ler. Eu o pegara enquanto passava os olhos nas estantes de uma loja especializada em assuntos judaicos na parte norte da Broadway ao dar uma caminhada por lá dias antes. Chamava-se *The Jewish Boxers' Hall of Fame* — velhas fotografias de arquivo e biografias curtas de trinta e nove lutadores de boxe, vários deles campeões do mundo e outros "pretendentes ao título", que haviam se destacado quando papai era jovem. Garoto ainda, juntamente com meu irmão, ele me levava para assistir às lutas de quinta-feira à noite no Laurel Garden de Newark e, embora eu já não me interessasse por esse esporte, papai ainda tinha enorme prazer em ver as lutas de boxe pela televisão. Perguntei-lhe quantos nomes de antigos lutadores judeus ele era capaz de se lembrar.

"Bom", ele disse, "tinha o Abe Attell."

"Está certo. Você era bem pequeno quando o Attell foi campeão dos pesos-penas."

"Era mesmo? Pensei que tivesse visto ele lutar. Tinha o, como é que se chamava mesmo, o grandalhão... Levinsky, Levinsky, o Batalhador. Foi campeão, não foi?"

"Campeão de pesos meio-pesados."

"Benny Leonard, obviamente. Ruby Goldstein. Depois ele virou juiz."

"O Leonard também. Caiu duro atuando como juiz numa luta na velha St. Nick's Arena. Lembra disso?"

"Não, não lembro. Mas tinha o Lew Tendler. Depois ele abriu um restaurante. Eu costumava ir lá, na Filadélfia. Uma casa de carnes. Só tinha mau caráter. Meninos pobres, igualzinho aos negros, subiam na vida lutando boxe. Quase todos jogaram o dinheiro fora, morreram duros. O único que acho que fez dinheiro foi o Tendler. Lembro perfeitamente dos tempos do Tendler, do Attell e do Leonard. Barney Ross. Tremendo pugilista. Vi ele lutar em Newark. Tinha o Bummy Davis — era judeu. E o 'Slapsie' Maxie Rosenbloom. Claro, lembro deles."

"Você sabia", perguntei, "que o Maxie lutou contra outro judeu pelo título dos meio-pesados?" Eu havia sabido disso só na noite anterior, folheando um apêndice do livro *Hall of Fame* intitulado "Judeus que lutaram contra outros judeus pelo título mundial". A lista, mais longa do que eu esperava, vinha logo antes de outro apêndice, este com o título de "Os dez maiores pugilistas judeu-americanos de todos os tempos segundo Lester Bromberg". "Lutou contra um sujeito chamado Abie Bain", eu disse.

"Claro. Abie Bain", meu pai confirmou. "Ele era um doido aqui de Jersey, de Newark, lá dos lados do Hillside. Não valia nada. Eram todos uns vagabundos. Sabe como é: criados nos cortiços, vida duríssima, dinheiro nenhum, e eles sempre tinham algum adversário. A religião cristã era uma adversária. Lutaram duas batalhas. Lutaram porque eram guerreiros, e lutaram porque eram judeus. Você botava dois caras num ringue, um italiano e um judeu, um irlandês e um judeu, e eles lutavam para valer, lutavam para machucar. Sempre havia um pouco de ódio na coisa. Tentando mostrar quem era superior."

Essa linha de raciocínio levou-o a recordar-se de um amigo de infância, Charlie Raskus, que, após ir embora do bairro, tornou-se um matador para o principal mafioso de Newark, Longie Zwillman.

"Charlie não era boa coisa nem quando garoto", papai disse.

"Por quê?", perguntei.

"Amarrou a professora à mesa dela no primário."

"Ah, você está brincando!"

"Verdade. Expulsaram ele, puseram numa escola especial e ele terminou matando gente a serviço do Longie. O Charlie e os amigos dele formavam uma turminha braba. Eram todos garotos judeus do Third Ward. Os polacos costumavam matar os judeus que usavam barba, isso lá no Third Ward, igual ao que faziam na Europa. Aí os garotos judeus formaram uma gangue — tinha um nome, mas não me lembro qual agora — e começaram a matar os polacos. Matar com as próprias mãos, entende? Não valiam nada. Meu pai costumava dizer que eram 'vagabundos iídiches'."

"O que aconteceu com Charlie Raskus?"

"Está morto. Morreu. Causas naturais. Não era assim tão velho. Até os filhos da puta morrem. Essa é a única coisa boa que se pode dizer da morte — ela pega os filhos da puta também."

Por volta das dez e meia, vimos o resultado do jogo dos Mets no noticiário, e, ao menos naquele momento, ele parecia ter vencido o desânimo. Peguei então as duas declarações, a minha e a dele (que trouxera com grande formalidade em minha antiga pasta de couro, que só uso raramente), e as levei de volta para Nova York, imaginando que talvez fosse um erro forçá-lo a enfrentar a mais amarga de todas as possibilidades. "Basta", pensei, e fui para casa, onde, incapaz de dormir, passei a noite estudando, no Apêndice V, a lista de vitórias e derrotas de uns cinquenta campeões e desafiantes judeus, inclusive do natural

147

de Nova Jersey Abie Bain, que ganhara quarenta e oito (trinta e uma por nocaute), perdera onze e, estranhamente, segundo o livro, tivera trinta e um empates.

Contudo, bem cedo na manhã seguinte, antes que ele começasse a ser tragado pelas preocupações, telefonei para lhe passar a cantada: contei como minha advogada havia sugerido que eu fizesse aquele tipo de declaração, como explicara seus efeitos, como eu tinha gostado da ideia e pedido que ela preparasse uma para mim e outra para ele. "Deixe eu ler a minha. Escute." Mas sua reação, obviamente, não foi a que eu temia.

Como eu havia podido esquecer que estava lidando com alguém que passara a vida falando com as pessoas sobre a coisa que elas menos desejavam pensar? Quando eu era garoto e ia com ele para o escritório nas manhãs de sábado, ele costumava me dizer: "Seguro de vida é a coisa mais difícil de vender no mundo. Sabe por quê? Porque o freguês só ganha se morrer". Como se tratava de um velho e competente perito em contratos que lidavam com a morte, muito mais acostumado a eles do que eu, à medida que eu lia lentamente cada frase no telefone papai reagia com a mesma frieza com que ouviria as cláusulas estereotipadas de uma apólice de seguros.

"Diante da iminência da morte, são as seguintes as medidas de suporte artificial da vida que eu especificamente recuso: (a) reanimação elétrica ou mecânica do meu coração quando ele parar de bater."

"Correto", ele disse.

"(b) Alimentação através de tubo nasogástrico — ou seja, alimentação através do nariz — quando eu estiver paralisado ou incapaz de me nutrir pela boca."

"Certo."

"(c) Respiração mecânica quando eu não for mais capaz de respirar por conta própria."

"Muito bem."

Continuei lendo até o ponto em que meu irmão e eu éramos designados como as pessoas que deveriam tomar as decisões médicas caso ele se tornasse incapaz de fazê-lo. Em seguida perguntei: "E então? O que você achou?".

"Manda para cá que eu assino."

E ficou nisso. Em vez de me sentir como o filho de um corretor de seguros, me senti o próprio corretor que acaba de vender sua primeira apólice para um cliente que só pode ganhar se morrer.

Algumas semanas mais tarde, quando Claire e eu fomos jantar lá numa sexta-feira de maio, o foco da noite, tanto quanto eu sabia, devia ser a maravilhosa *bouillabaisse* de Ingrid, um prato que papai adorava, mas cujo nome não era capaz de pronunciar nem que sua vida dependesse disso. Para fins práticos, passara a chamá-lo de *"ballaboosteh"*, uma aproximação aceitável e engraçada por se tratar da palavra elogiosa em iídiche para "dona de casa", parecendo mesclar a robustez da iguaria que Ingrid estava cozinhando para nós com o reconfortante papel de organizadora que ela rapidamente passou a desempenhar na casa.

Embora ele agora precisasse se apoiar nas paredes do apartamento para ir de um aposento a outro, dando passinhos bem curtos a fim de não cair, a presença de Ingrid reduzira enormemente seu sentimento de vulnerabilidade e, com isso (contrariando minhas ingênuas expectativas), permitira que suas críticas a Lil *aumentassem*. Eu não o imaginava capaz de detectar ainda mais coisas erradas nela, porém, no tocante às imperfeições de Lil, mesmo só com um olho sua visão era microscópica.

"Ela não sabe nem comprar um melão", me disse irritado ao telefone certa manhã. Mas, como a essa altura eu já tinha ouvido tudo que precisava sobre o tema geral do que Lil não sabia fazer, respondi: "Olhe, não é fácil comprar melão — talvez, pensando bem, seja a coisa mais difícil de comprar. Um melão, você sabe, não é igual a uma maçã, que dá para dizer como está lá dentro só olhando por fora. Prefiro comprar um carro do que um melão — melhor comprar uma *casa* que um melão. Se uma vez em cada dez eu saio de uma loja com um melão decente, me considero um homem de sorte. E olha que eu cheiro, dou uma boa fungada, aperto as duas pontas com o polegar, cheiro outro, aperto outra vez com o polegar — posso testar oito, nove, dez melões desse jeito antes de escolher um e levar para casa; aí corto ao meio na hora do jantar e o troço não tem gosto nenhum, está duro como uma pedra. Em matéria de melão, de uma coisa eu sei: *todos nós erramos*. Não fomos feitos para comprar melões. Me faça um favor, Herm, pare de chatear a Lil, não é culpa dela comprar um melão de merda: *toda a humanidade sofre do mesmo problema*. Você está castigando ela por alguma coisa que talvez só um por cento da população faça direito — e mesmo nesse caso metade deles deve ser por puro palpite."

"Bom", ele disse sem grande convicção, surpreendido com a força dos meus argumentos, "o melão é o de menos..." Mas, naquele instante, não teve mais o que reclamar da Lil.

Na sexta à noite jantamos em Elizabeth com Lil, Ingrid, Seth e Ruth, mas o assunto principal acabou não sendo a *bouillabaisse*, e sim um convidado de cuja presença eu não havia sido informado. De modo surpreendente, quando se sentou à mesa o convidado me disse que já jantara em casa com a esposa. Tive a impressão de que, tal como os bardos medievais ou os músicos ambulantes, ele fora convidado para nos contar sua história enquanto jantávamos — contá-la particularmente para mim.

Tratava-se de Walter Herrmann, um sobrevivente de dois campos de concentração que viera para Newark em 1947 falando só alemão. Recém-saído de Auschwitz e com apenas vinte e dois anos, conseguira arranjar algum dinheiro sabe-se lá onde e, juntamente com um sócio, tinha comprado uma pequena mercearia descendo a Chancellor Avenue para quem vinha do meu ginásio. Começando com essa loja, havia comprado todo o prédio, depois o edifício ao lado, e assim por diante, até que se desfez de todas as propriedades em Newark em meados da década de 1950 — pouco antes do mercado imobiliário sofrer um colapso. Entrou no negócio de peles, que era a especialidade de sua família na Europa, e se tornou um homem muito rico. Meu pai o conhecia do Centro Comunitário em Elizabeth; costumavam jogar cartas lá quando papai ainda dirigia e frequentava o lugar três ou quatro vezes por semana. Convidara-o para me conhecer porque Walter estava escrevendo um livro sobre suas experiências no tempo da guerra. Não era a primeira vez que papai punha um candidato a escritor em contato comigo. Também não dava a mínima quando eu dizia que não havia absolutamente nada que eu pudesse fazer por alguém que queria escrever, digamos, sobre hipotecas ou fundos de previdência. Ele então pedia os números de telefone dos escritórios dos meus amigos e editores Aaron Asher ou David Rieff e, sem me consultar, se entendia diretamente com eles. Alguns anos antes, o manuscrito de um de seus amigos que fora mandado para o Aaron, um livro sobre negócios imobiliários, foi publicado com sucesso pela Harper & Row, a editora de Aaron na época. Papai recebeu uma comissão por ter apresentado o autor e Aaron nos convidou para almoçar em Manhattan. Depois disso não houve como segurá-lo, se é que antes tal coisa houvesse sido possível.

Enquanto tomávamos drinques na sala de visitas à espera do jantar — ao chegar, Walter presenteara papai com uma garrafa de champanhe —, lembrei que ele me havia mencionado esse amigo algumas semanas antes, quando lhe contei ao telefone que minha turma de literatura na Universidade Hunter tinha começado a ler um livro sobre Auschwitz — *This Way for the Gas, Ladies and Gentlemen*, de Tadeusz Borowski — e outro sobre Treblinka — *Into that Darkness*, de Gitta Sereny. Ao longo dos anos, papai sempre considerou algo obscura minha atividade como professor universitário, que eu tentava explicar quando vez por outra ele me perguntava o que exatamente eu ensinava nas aulas. Depois que lhe falei dos dois livros sobre campos de concentração, ele disse: "Tenho um amigo do Centro que esteve em Auschwitz. Ele está escrevendo um livro. Sujeito maravilhoso". "É mesmo?" "Talvez você possa ajudá-lo." "Já faço muito me ajudando com meus próprios livros." "Mas você podia dar a ele algumas dicas." "Papai, não tenho nenhuma. Não existem dicas para escrever." "E o Aaron Asher?" "O que é que isso tem a ver com ele?" "Já mudou de emprego? Ou continua naquele lugar?" "Grove? Continua." "Me dá o número dele outra vez." "Seu amigo ao menos terminou o livro?" "Já falei, ainda está escrevendo." "Então por que você não espera e telefona para o Aaron quando o livro estiver pronto?"

Essa foi a última vez que ouvi falar do Walter e do livro até que ele apareceu no jantar da *bouillabaisse*, quando papai o instruiu: "Mostra para ele, mostra o seu número, Walter".

Nesse momento, estávamos à mesa, e Ingrid, sentada entre papai e Walter (que puxara uma cadeira e se instalara bem ao meu lado), explicava para Claire e Ruth, do outro lado da mesa, os ingredientes que entravam na *bouillabaisse*. Por isso, ele precisou falar mais alto que Ingrid: "Mostra o seu número!", repetiu para o amigo.

Como era uma noite razoavelmente quente e Walter usava uma camisa de manga curta — o paletó de tecido leve já tinha sido tirado e pendurado no encosto de sua cadeira —, ele só precisou girar o pulso parcialmente para que eu pudesse ler os números em seu antebraço. Ao fazê-lo, ele disse ao meu pai: "Ele já deve ter visto isso antes, tenho certeza".

Verdade. Os pais da minha cunhada eram sobreviventes do Holocausto, conheci outros sobreviventes em Israel e, naturalmente, não era incomum ver os números nos braços de muita gente encontrada por acaso em Nova York. Eu também me sentara junto com pelo menos uma dúzia de sobreviventes durante as semanas em que assisti, em Jerusalém, ao julgamento de John Demjanjuk, o guarda de Treblinka conhecido como Ivã, o Terrível. Provavelmente, o sobrevivente cujo número exercera o maior impacto sobre mim quando o vi foi o escritor italiano Primo Levi. Em 1986, fui a Turim fazer uma longa entrevista com ele para o *New York Times* e, ao longo dos quatro dias que passamos juntos, nos tornamos, misteriosamente, amigos íntimos — tão íntimos que, chegada a hora da minha partida,

Primo disse: "Não sei qual de nós é o irmão mais novo e qual o mais velho", e nos abraçamos com grande emoção, como se nunca mais fôssemos nos ver. E de fato nunca mais nos vimos. Havíamos conversado longamente sobre Auschwitz, sobre os doze meses que ele passara lá como um jovem adulto e os dois livros sombrios que tinha escrito sobre os campos, o que se transformou no núcleo da entrevista. Ela foi publicada na seção dominical de livros do *Times* apenas seis meses antes de Primo Levi se suicidar saltando do alto do poço das escadas de seu prédio de apartamentos em Turim — as mesmas escadas cujos cinco andares eu subira com enorme expectativa nos dias em que lá fui ter nossas conversas. Perguntei-me se Primo Levi e Walter Herrmann poderiam haver se encontrado em Auschwitz. Tendo mais ou menos a mesma idade, seriam capazes de se comunicar em alemão — pensando que isso aumentaria suas chances de sobrevivência, Primo se esforçara muito em Auschwitz para aprender a língua da Raça Superior. De que forma Walter explicava a *sua* sobrevivência? O que *ele* teria aprendido? Por mais simples ou amadorístico que fosse o livro, eu esperava que tratasse dessas questões.

Walter segurava no colo, dentro de um grande envelope pardo, o que imaginei ser o manuscrito. Durante o jantar, falou sem parar junto a meu ouvido sobre sua infância burguesa em Berlim, as aulas de dança, os estudos de latim, sobre a mãe que sobrevivera milagrosamente à guerra e o pai assassinado pelos nazistas; falou sobre o que lia quando jovem — "Heine", ele disse, beijando a ponta dos dedos em sinal de apreciação — e como havia gostado dos livros de Franz Werfel. Contou depois como tinha conseguido se esconder durante vários anos em Berlim antes que os nazistas o apanhassem e o mandassem primeiro para Belsen e depois, poucos meses antes do fim da guerra, para Auschwitz.

"Em Berlim?", perguntei. "Como você conseguiu se esconder em Berlim?"

"Mulheres. Com várias mulheres. Eu era o único homem que restava em Berlim. Tinha dezoito, dezenove anos. Todos os

153

alemães estavam no Exército e todos os judeus haviam sumido. As mulheres me escondiam", disse com um sorriso travesso. "Meu livro não é como os de Elie Wiesel ou Samuel Pisar. O Elie Wiesel para mim é um gênio. Eu não seria capaz de escrever um livro tão trágico. Até ser mandado para os campos, eu tive uma guerra muito feliz."

Walter abriu o envelope que estava em seu colo, mas o que tirou de dentro não era o manuscrito de seu livro — ainda não —, e sim algo passível de ser interpretado como as credenciais que lhe davam direito a escrevê-lo. Ao lado de meu prato fundo de *bouillabaisse*, depositou sobre a toalha um pedaço pequeno e gasto do que se assemelhava a um pergaminho desbotado. Era o documento de identificação — muito manuseado e dobrado — que os alemães lhe haviam fornecido no final da década de 1930. Observei que, como um em cada dois judeus no Terceiro Reich, Walter Herrmann recebera das autoridades arianas o sobrenome "Israel". Uma foto no canto do documento mostrava um rapaz beirando os vinte anos, esbelto, lábios grossos, tez algo escura, com uma aparência vagamente de tártaro, nada que lembrasse um adônis. Embora a fotografia houvesse sido tirada meio século antes, notava-se a semelhança com o homem sentado à minha direita. No entanto, enquanto agora, já na casa dos sessenta, Walter exibia um ar tão confiante quanto o de qualquer outro próspero homem de negócios judeu de Jersey, o garoto de então parecia ser alguém que estaria muito mais confortável lendo Franz Werfel num lugarzinho tranquilo do que como único macho a serviço das mulheres de Berlim.

Os cabelos negros, que se erguiam acima da testa estreita num topete no estilo pompadour, haviam caído uma semana após o fim da guerra; disse que os perdera da noite para o dia, quando contraiu tifo e quase morreu depois da libertação do campo. Essa história, contada um ou dois minutos após sua apresentação à família na sala de visitas, foi o primeiro sinal de que Walter não era um desses sobreviventes que preferem manter suas lembranças submersas.

Ele tinha mais um certificado de validação para apresentar antes de chegarmos ao manuscrito. Aquilo, como me explicou, era o envoltório externo de um maço de cigarros, em cuja parte interna ele escrevera a lápis, em Auschwitz, uma carta em letras minúsculas para sua mãe. Ela estava escondida em algum lugar da Alemanha e não tinha sido fácil lhe fazer chegar aquela carta. Entretanto, sem dúvida ela a recebera, guardara e trouxera consigo para os Estados Unidos, pois ali estavam em Nova Jersey, no ano de 1989, o que poderiam ter sido as últimas palavras de um filho em 1944.

"Passa para os outros", papai me disse, e assim a carteira de identidade de Walter expedida pelo Terceiro Reich e a carta de cinco centímetros escrita em Auschwitz saíram das minhas mãos para as de Claire, e de Claire para Seth e Ruth, que tinham nascido, respectivamente, em 1957 e 1961 e pareciam tão bestificados pelos dois documentos quanto pelo loquaz estranho com o número gravado no braço. Em seguida os documentos foram passados para Lil, que disse ao ver a foto: "Walter, você tinha jeito de ser um verdadeiro *yeshiva bucher*, um garoto muito bem comportadinho", e os entregou a papai, que disse: "Já vi no Centro". Última a recebê-los, Ingrid, com seu espírito prático, examinou com frieza cada documento, como se eles houvessem sido oferecidos para comprovar a identidade de alguém que desejava descontar um cheque. Por fim, foram devolvidos ao dono, que os pôs de volta no envelope e extraiu não ainda as páginas do manuscrito, mas diversas fotografias tiradas recentemente com uma Polaroid de seus netos na festa de aniversário de um deles. Essas também foram passadas de mão em mão, e só então ele retirou do envelope uma capa transparente de plástico com uma amostra de meia dúzia de páginas e entregou-as a mim.

"Trabalho num Macintosh", ele me disse. "E você?"

"Ainda numa máquina de escrever."

Embora eu tivesse notado que Claire não fora nem um pouco cativada pela personalidade de Walter (no carro, ao voltarmos para casa, quando perguntei o que tinha achado dele, o descreveu como um horrível exibicionista), ela era a única pessoa à

155

mesa que seguia a conversa que nós dois mantínhamos. Papai, tal qual um mestre de cerimônias, falava simultaneamente com todos e só às vezes prestava atenção no que dizíamos, enquanto os demais tinham tanto interesse por Walter quanto Walter tinha por eles. Eu mesmo não sabia o que pensar, se ele era de fato tão imodesto em relação a seu passado em Auschwitz com todo mundo que encontrava, ou se o que Claire interpretou como exibicionismo não tivesse sido provocado, em parte, pela promessa feita por papai de que ele receberia a ajuda do filho escritor, o qual obrigava seus alunos da universidade a estudarem livros sobre os campos de concentração.

"Escrevi em alemão", ele explicou quando retirei as páginas da capa plástica. "Eu mesmo traduzi. Mas meu alemão já não é mais tão bom e meu inglês escrito nunca foi lá grande coisa. Estou pedindo à minha filha que corrija o inglês." Falando baixinho só para mim, ele disse: "Não sei o que minha filha vai pensar. Ela não sabe como sobrevivi em Berlim. Não é assim que os filhos pensam dos pais. Obviamente, é uma mulher casada, mas, seja como for, um pai...".

Li o seguinte. *Meu membro estava outra vez enorme, e tínhamos acabado fazia pouco tempo (...). Minha torrente de fluido jorrou dentro de seu delicioso buraco (...). Os lábios dela desceram ao encontro do meu pênis intumescido (...). Ah, faz isso outra vez, ela disse, ah, meu querido, outra vez (...). Seu vestido caiu ao chão, revelando seios mais magníficos que os de Barbara e maiores que os de Helen (...). Gozei (...). Ela gozou (...). Foi um delírio.*

E, enquanto isso, pensei, um holocausto acontecia.

"Bem, Phil, o que você acha?", papai me perguntou. Todos em volta da mesa me fitavam, ninguém tão ansioso quanto Walter.

"Não acabei", eu disse.

Ela estava esfomeada por um homem como só o pode estar uma mulher de trinta e cinco anos em tempo de guerra. Lavou-me em sua banheira. Enquanto a água escorria, recostei-me. Como se eu fosse uma lauta refeição de dez pratos, ela avançou sobre meu pênis. Meu filho, ela disse, meu filho. Eu nunca tinha sido devorado daquela maneira. Só Katrina chegara perto daquilo. Olhe para ele, ela disse, é uma maravilha! Gozei de novo. Ela gozou de novo. Gozei mais uma vez.

E seguia na mesma toada.

Quando terminei de ler todas as páginas, as recoloquei de volta na capa em silêncio. Walter disse: "Isso é só uma amostra".

"Quer dizer que tem mais."

"Muito mais. Poderia ser publicado?"

"Você devia terminar antes de se preocupar com a publicação."

"*Eu* já acabei. Só falta minha filha rever o inglês."

"E o Asher?", papai me perguntou.

Dei de ombros. Walter, obviamente, não sonharia em mostrar aquelas páginas a meu pai, nem a ele ocorria pedir para lê-las. Tudo que ele queria era ajudar um judeu que fora vítima de Hitler e que agora era um amigo seu do Centro.

Vi que meu dar de ombros havia irritado papai — além de intrigá-lo. Eu estava ou não interessado em livros sobre o Holocausto?

"Passa isso para mim, Walter", ele disse. "Vou cuidar do livro com o Aaron Asher. E o David Rieff?", papai me perguntou.

"É", respondi, "sempre tem o David."

"Eu tenho o número do telefone dele? É o número antigo?"

"É o antigo."

"E então, o que *você* achou?", papai me perguntou de novo, sem esconder mais sua exasperação.

Fiz um gesto com as duas mãos que não significava nada, acompanhado de um sorriso gentil.

"Seu filho é um homem que não gosta de se comprometer", Walter disse educadamente a papai.

"É...", ele balbuciou, aborrecido, voltando à sua *ballaboosteh*.

Dois dias depois, papai me disse ao telefone: "Vou te mandar uma coisa pelo correio. O Walter esteve aqui hoje à tarde. Tem uma coisa para você."

"Papai, por favor, não quero nem mais uma página daquele livro."

"É o casaco de que ele te falou. Deixou uma foto e a informação. Quer que eu mande pelo correio para você."

Depois da sobremesa, Walter havia dito a Claire e a mim que tinha o casaco perfeito para uma estrela de cinema: "Feito para a coleção de inverno deste ano — tão especial que só poucas mulheres no mundo seriam capazes de usá-lo. Um casaco longo de zibelina, a pele de zibelina mais macia, mais leve que você já viu, e uma maravilhosa gola larga de arminho. Eu poderia adaptá-lo para a srta. Bloom e ficaria lindíssimo". Normalmente seria vendido por muito mais do que cem mil dólares, Walter nos disse, mas ele falaria com seu filho e os dois nos trariam uma proposta interessante. "Essas peles são tão especiais", acrescentou, "que só dois desses casacos foram feitos."

"Fico com os dois", eu disse a ele.

"Sinto muito, só sobrou um", Walter respondeu.

O ardor deselegante com que ele quis praticamente nos dar, por um precinho muito, muito camarada, aquele casaco longo de zibelina e arminho, único no mundo e exatamente a coisa de que mais necessitávamos, me fez pensar no capítulo de *Sobrevivência em Auschwitz* em que Primo Levi descreve o sistema proibido de escambo e barganha entre os prisioneiros. Uma ração de pão era a moeda mais comum, porém tudo, de uma camisa em farrapos ao dente de ouro na boca de alguém, estava sendo continuamente negociado no canto do campo mais afastado das casernas da SS. Será que Walter, ainda jovem, se contava entre os mais audaciosos comerciantes de Auschwitz? Ou seu zelo capitalista tinha sido adquirido ao chegar aos Estados Unidos? Eu disse a papai: "Seu amigo não desiste com facilidade".

"Sabe que ele esteve em Israel quarenta e cinco vezes?"

"Vendendo o quê para eles?", perguntei.

"Você é um sujeito esperto."

"Tanto quanto o Walter, se você não se importa que eu diga isso. Ele é um judeu malicioso. Graças a Deus, até a malícia dos judeus sobreviveu aos campos. Adivinha sobre o que é o livro."

"Vou te mandar pelo correio a fotografia do casaco."

"Fique com ela e compre para a Lil. Eu disse que o livro... adivinha sobre o que ele é."

"Ora, sobre o tempo em que ficou preso."

"Não, não é", eu disse.

"Sobre a vida dele na Alemanha."

"É pornografia. Sabia disso?"

"Não sei de nada. Não li nada dele."

"É só foda atrás de foda. Em cada página. Perto dele pareço um bebezinho de colo."

"É mesmo? Não brinca!" Seu tom foi de quem estava aturdido.

"Foi por isso que eu não disse nada quando você me perguntou. Eu lá jantando com vocês e ele me dá aquela coisa para ler, e aquilo não passa de pornografia." A essa altura eu já estava rindo, e papai começou a rir também.

"Ele acabou de sair daqui faz meia hora", meu pai disse.

"É isso mesmo, essa aqui chupou meu pau, aquela outra me fodeu, eu tinha o maior cacete de toda a Alemanha nazista."

Ainda estávamos rindo quando papai disse: "Vai ver acaba sendo um campeão de vendas como o seu *Portnoy*".

"Sem dúvida. Um campeão de vendas pornográfico sobre o Holocausto."

"Tudo é possível."

"É, vai ser uma novidade", confirmei.

"A filha dele está fazendo a revisão."

"Vai levar o maior susto."

Ele ainda estava rindo um pouco quando disse: "Comprei hoje aquela bengala".

"Que tipo de bengala?"

"A que o Sandy queria que eu comprasse. Com os quatro pezinhos."

"E já tentou usá-la?"

"Já. Não gosto, porque a gente acaba se acostumando. Não quero ficar dependente dela."

"Você usou quando deu seu passeio? Ajudou?"

"Claro, ajudou. Não preciso me agarrar no Abe. Mesmo porque ele está começando a adernar um pouco."

"Vocês conversam sobre o quê nesses passeios?"

"Sobre os velhos tempos. Os antigos comediantes. Os Howard Brothers. Lou Holtz. Cantor. Benny. E cantamos juntos. Abe gosta disso. Lembra do Lou Holtz? Ele falava com uma pronúncia arrevesada de alemão."

"Era ele que falava daquele jeito? Sempre fiquei na dúvida, comentei com Claire mas nunca tive certeza do nome dele. Lou Holtz é de antes do meu tempo."

"É mesmo, bem antes. Falamos sobre o Harry Lauder. Aí eu canto uma música do Lauder e Abe canta junto. É assim que andamos para lá e para cá todos os dias. Abe adorava o Lauder. O comediante escocês. Eu costumava ver ele no Palace de Newark. Ele cantava uma música... agora que quero lembrar não consigo. Se exibia com uma bengala torta e cantava essa canção escocesa. Abe adora ela, canta sempre. Era uma diversão inocente."

"Aí é que está a diferença entre a velha Newark e a velha Berlim."

"É. Pobre Walter."

"Não fique com peninha do pobre Walter. Ele sabe se cuidar. Já se divertiu bastante."

"Você acredita naqueles troços? Acredita nas coisas que estão lá?"

"Você não?"

"Quem sabe? Vai ver ele só está escrevendo um livro."

Os planos de família para celebrar o aniversário dele em Connecticut — como fazíamos todo mês de agosto desde a morte de mamãe, oito anos antes — tiveram de ser cancelados porque, ao longo do verão, sua saúde se deteriorou ainda mais. Mesmo com a nova bengala de quatro pés, era muito perigoso ele andar sozinho dentro do apartamento, e mais ainda sair à rua. As cantorias de braços dados com Abe cessaram de súbito

160

e, de quando em quando, ele passou a ter dificuldade de engolir, tossindo e engasgando sobretudo quando tentava ingerir líquidos. Ele associou essas dificuldades a um resfriado mal curado, quando, na verdade, o alargamento do tumor começara a interferir com a parte do cérebro que controla o mecanismo da deglutição.

Ao contrário de papai, eu estava preparado para isso, pois, ao recusar no hospital a cirurgia no cérebro mais de um ano antes, o dr. Benjamin me alertara que a deglutição provavelmente seria a próxima coisa a ser afetada. Perguntei ao dr. Wasserman se havia algo a fazer por ele. Solicitados alguns exames, confirmou-se que ele começara a aspirar o que ingeria e corria o risco de contrair uma pneumonia brônquica caso as comidas e bebidas penetrassem no pulmão pela traqueia. "Seria melhor", Harold Wasserman me sugeriu, "que ele não comesse." Chocado com suas palavras, perguntei o que ele queria dizer com aquilo, e Harold explicou que o risco da pneumonia podia ser evitado inserindo-se um tubo no estômago de papai para alimentá-lo. Gastrostomia, esse era o nome do procedimento. "E o que ele faz com a saliva?", perguntei. "Cospe", respondeu. "Também pode ser retirada com um aparelho."

Agora vem a cobrança, pensei, as consequências de haver decidido contra a cirurgia. "Está começando a ficar terrível", eu disse a meu irmão, embora nas semanas seguintes nós dois tenhamos deixado papai culpar o resfriado por seus novos problemas. Até que as dificuldades se tornassem dramaticamente piores — como havíamos sido assegurados de que ocorreria em breve — não o deprimiríamos ainda mais explicando a verdadeira causa das complicações. No entanto, ele próprio parecia compreender que algo sério estava acontecendo porque, ao lhe perguntar ao telefone se estava mais fácil comer, começou a negar que em algum momento isso tivesse se tornado difícil. "Só não posso mesmo beber líquidos açucarados", "Só se a comida estiver quente demais", e por aí ele ia. "Estou com catarro por causa do resfriado. Não vou fazer nenhuma operação na garganta." "Ninguém está propondo nenhuma operação. Mas você parece estar com dificuldade de engolir." "Não estou, está tudo bem."

Enquanto isso, como era verão, nas colinas de Connecticut eu fazia uma caminhada de cinco quilômetros e meio a passos rápidos de manhã bem cedinho, quando ainda estava fresco, e nadava durante trinta minutos na piscina no fim da tarde, depois de trabalhar mais um dia inteiro no romance que estava prestes a terminar. Apesar das preocupações com meu pai, havia anos não me sentia tão saudável, e fazer as últimas revisões em *Deception*, o novo livro, era a delícia que todo fim de trabalho com um livro sempre é. No começo de agosto, porém, quando fui dar minha nadada vespertina, algo inesperado aconteceu, só que dessa vez não com papai, mas comigo: depois de eu atravessar a piscina lentamente, meu coração batia como um louco e eu mal conseguia respirar. Agarrando-me à borda da piscina, disse a mim mesmo: "É ansiedade. Por que você está tão ansioso?". O tipo de pergunta que as pessoas com algum problema físico tinham o bom senso de não se fazer antes do advento das teorias sobre a somatização dos conflitos psíquicos. A sorte que aguardava meu pai não debilitara apenas meu ânimo: eu me sentia tão mal, pensei, porque os muitos meses de sofrimento por causa do tumor cerebral culminariam agora com um tubo inserido permanentemente em seu estômago.

Meu diagnóstico estava errado. Eu havia me sentido tão mal depois de nadar a extensão da piscina porque, no decorrer de cinquenta e seis anos, praticamente todas as principais artérias que conduziam ao meu coração tinham ficado obstruídas em oitenta e cinco por cento de seus diâmetros, e eu estava bem perto de sofrer um ataque cardíaco fulminante. Vinte e quatro horas depois de eu sair da piscina lutando para respirar, salvei-me do ataque cardíaco e de ir para a sepultura antes de papai — e ele não precisou me enterrar — graças a uma cirurgia de emergência na qual fui submetido a um *bypass* quíntuplo.

Às duas da manhã da noite anterior à intervenção, os sintomas se agravaram de forma alarmante, e meia dúzia de internos, residentes e enfermeiras começaram a circular de forma frenética em torno dos equipamentos que monitoravam meu estado, até que telefonaram para o cirurgião perguntando se ele não queria mudar os planos e me operar imediatamente. Dei--me conta de que nunca havia estado mais perto de meu pai do que naquele momento: não desde os tempos da universidade, quando o levava secretamente para as salas de aula, o homúnculo intelectual por cujo aprimoramento eu me sentia tão responsável quanto pelo meu próprio, jamais nossas vidas tinham sido, se não idênticas, tão entrelaçadas, tão horripilantemente intercambiáveis. Impotente no centro daquele pequeno rebuliço médico, confrontei, com um choque iluminador, a inevitabilidade que agora permeava cada segundo da existência dele.

Obviamente, a diferença é que *após* a cirurgia me senti renascido — ao mesmo tempo renascido e como se tivesse parido. Meu coração, que aparentemente havia passado anos funcionando com apenas vinte por cento de seu suprimento normal de sangue, estava agora banhado por toda a seiva que ele quisesse. Deitado à noite na cama do hospital, eu ria sozinho visualizando meu coração como um bebezinho que mamava todo o sangue que circulava sem obstrução pelas artérias tomadas por empréstimo da minha perna. Esta, pensei, deve ser a bela emoção de quem amamenta um filho — a batida forte e estridente do coração recém-operado não era minha, mas dele, do próprio coração. De modo que a enfermeira da noite não pudesse ouvir, eu sussurrava baixinho para aquele bebê: "Chupa, vai, chupa, chupa mais, é teu, todo teu, para você..." e nunca na minha vida me senti mais feliz.

Não sei quanto dessa fantasia recorrente e da litania que a acompanhava foi consequência da euforia de eu ter escapado com vida e quanto se deveu aos efeitos duradouros das cinco horas de uma anestesia pesada, porém, naquelas primeiras noites em que a dor na parede do peito tornava o sono impossível, o pensamento de que eu amamentava meu recém-nascido coração me proporcionou horas de intenso prazer, durante as quais não precisei usar nem um pouco de imaginação para desfrutar androginamente de uma delirante alegria maternal. Olhando para trás, me impressiona o fato de que, nos devaneios exuberantes daquelas primeiras noites após a cirurgia, ao amamentar eu tenha chegado tão perto de ser o duplo de minha própria mãe quanto, durante as horas ansiosas e incertas da véspera do *bypass*, eu me sentira transposto, intercambiável com meu combalido pai, um substituto dele engasgando em sua mortalidade na mesa de jantar. Nunca houve um paciente cardíaco sozinho naquela cama: eu era uma família de quatro.

Minha esperança era evitar que papai soubesse da operação até eu estar inteiramente recuperado — ou para sempre, se necessário —, mas isso se mostrou impossível. Na noite de quinta-feira anterior à cirurgia — poucas horas antes do agravamento de meu estado —, eu havia telefonado para ele da minha cama na unidade de tratamento coronariano e, fingindo que me encontrava em casa, em Connecticut, lhe disse que tinha sido convidado de última hora para substituir numa conferência literária um autor que ficara doente, com o que passaria o fim de semana em New Haven, provavelmente sem acesso a um telefone até voltar na noite de domingo. "Quanto estão te pagando?", ele perguntou. "Dez mil dólares", respondi, colhendo no ar uma cifra meio inflada, porém uma quantia que tinha tudo para agradá-lo e — pensei corretamente — impedir que fizesse outras perguntas. "Bom", ele comentou, mas com a insinuação de que não era mais do eu que merecia. Na noite de domingo, passadas apenas umas sessenta horas da cirurgia, telefonei de novo, explicando que, se minha voz estava fraca, era porque eu havia falado durante todo o fim de semana na conferência. "Te pagaram?" "Claro. Em notas de um. Me deram num carrinho de mão." "Muito bem", ele respondeu rindo, "isso é que é um fim de semana lucrativo."

Nos dias seguintes, continuei a convencê-lo pelo telefone a cada manhã que estava levando minha vida normal — até que o escritório de relações públicas do hospital ligou certa tarde para meu quarto dizendo que haviam acabado de receber pedidos de notícias sobre mim do *News* e do *Post*. Embora a funcionária me assegurasse que não lhes havia dado nenhuma informação, fez questão de deixar claro que provavelmente sairia alguma coisa nos jornais. Temendo o que poderia acontecer se papai, debilitado e vulnerável como estava, fosse apanhado de surpresa no dia seguinte pela notícia numa coluna de fofocas — ou soubesse através de alguém que telefonaria para conversar sobre o que tinham acabado de ler no jornal —, reuni todas as minhas forças e liguei para Nova Jersey.

Quando lhe contei que havia feito uma cirurgia bem-sucedida de *bypass* coronariano (pulei por ora o fato de ser quíntuplo), de início ele ficou meio confuso.

"Mas com quem eu andei falando?"

Expliquei que eu mesmo tinha telefonado para ele, como estava fazendo agora, da minha cama no hospital. Garanti que estava me recuperando de forma excelente e que o cirurgião esperava me dar alta no fim de semana.

Para minha surpresa, ele então se enfureceu. "Lembra quando você estava na universidade e Mamãe fez a operação e eu não te contei? Lembra o que você me disse quando soube?"

"Não, não lembro."

"Você disse: 'Somos uma família ou não somos?'. Você subiu nos tamancos. Disse: 'Nunca mais tente me "poupar"'. Nos passou um sabão de verdade."

"Olhe, você não perdeu nada por não ter tido que se preocupar enquanto eu estava sendo operado."

"Quanto tempo durou a operação?"

Cortei algumas horas. "E você não teve de esperar. Já tem muita coisa para cuidar agora."

"Essa decisão não compete a você."

"Herm, eu decidi", respondi com uma risada para ver se desanuviava a conversa.

Mas ele manteve o tom sério — até ameaçador. "Bom, não faça isso outra vez", me alertou, como se ainda tivéssemos a vida inteira diante de nós.

Enquanto fiquei no hospital e durante as primeiras semanas da minha lenta convalescença em casa, cada dia e cada noite rezei diretamente para ele. "Não morra. Não morra até que eu me recupere. Não morra até que eu possa fazer tudo direito. Não morra enquanto estou impotente." Às vezes, ao telefone no hospital, eu precisava me conter para não dizer isso a ele em voz alta. Hoje creio que ele compreendeu o que eu silenciosamente lhe pedia.

"Como *você* está se sentindo?", eu perguntava. "Eu? Estou ótimo. Fiz uma festa para comemorar os noventa e quatro anos do Abe. A Ingrid preparou um rocambole de carne de porco e batatas com salsa. Seth e Ruth vieram, Rita, Abe, Ingrid, eu e Lil. Nos divertimos um bocado. Abe pode comer, Deus o abençoe. Pode andar, pode comer, e no dia seguinte até lembrava da festa."

Cerca de seis semanas depois, quando pude viajar para ir vê-lo, ele voltou a me surpreender, dessa vez ao ser quase infantilmente apologético. Não consegui entender o que o deixara tão acabrunhado, em parte porque eu próprio fiquei muito entristecido com as mudanças ocorridas desde a última vez em que estivera lá. Diria que era como se um ano inteiro houvesse passado, embora também pudesse dizer, olhando para ele, que toda uma vida tinha passado. Ele, que havia dado uma festa de aniversário de noventa e quatro anos para Abe, se tornara um desses velhinhos cuja idade é impossível calcular, pouco mais que uma coisinha murcha, o rosto desfeito, usando a venda preta e totalmente inerte, agora quase irreconhecível até para mim. Pelo modo com que estava plantado no lugar costumeiro, bem na ponta do sofá, parecia pouco provável que pudesse se mover dali sem ser levantado e posto de pé no chão. Um dedo do pé que quebrara de forma bastante dolorosa um mês antes — quando apagou no banheiro e caiu de novo — só agora começava a sarar. Vi mais tarde que, mesmo com a ajuda de seu recém-comprado andador, ele mal conseguia se locomover sozinho mais do que uns trinta a cinquenta centímetros.

Na cômoda em frente ao sofá estava a ampliação da fotografia tirada com uma câmara-caixote cinquenta e dois anos antes na costa de Jersey, que eu e meu irmão também tínhamos emoldurado e exibíamos em lugares destacados de nossas casas.

Havíamos posado com roupa de banho, um Roth bem juntinho atrás do outro, no quintal da pensão da praia Bradley, onde todo verão a família costumava alugar um quarto com uso da cozinha por um mês. Agosto de 1937. Tínhamos quatro, nove e trinta e seis anos. Formamos um V, com minhas duas pequenas sandálias representando a extremidade pontiaguda da letra e os sólidos ombros de papai — em meio aos quais está perfeitamente centrada a cara travessa de Sandy —, suas duas esplêndidas hastes. Sim, o V da Vitória está estampado em toda a foto: da Vitória, da Vadiagem, da Verticalidade resoluta e inquestionável! Lá estamos, a linhagem masculina, ilesa e feliz, se erguendo da infância à maturidade!

Juntar numa só imagem a robustez do homem na fotografia e a ruína no sofá era e não era uma impossibilidade. Usar toda a minha força mental para unir os dois pais e transformá-los numa única pessoa foi uma tarefa insana, quase diabólica. E, no entanto, de repente senti (ou me obriguei a sentir) que eu era capaz de lembrar perfeitamente (ou de me fazer pensar que lembrava) o momento exato em que aquela foto tinha sido tirada, mais de meio século atrás. Fui até capaz de acreditar (ou de me fazer acreditar) que nossas vidas só aparentemente haviam escoado ao longo do tempo, que tudo estava de fato acontecendo simultaneamente, que eu estava tanto de regresso a Bradley, com ele se erguendo bem acima de mim, quanto ali em Elizabeth, com ele praticamente despedaçado aos meus pés.

"O que é que há?", perguntei ao me dar conta de que, só por me ver, ele ficara emocionado a ponto de chorar. "Papai, eu agora estou bem. Você pode ver. Olhe para mim. *Olhe*. Papai, o que é que há?"

"Eu tinha que ter estado lá", ele me disse numa voz entrecortada, as palavras agora quase ininteligíveis devido ao que a paralisia fizera de sua boca. "Eu tinha que ter estado lá!", repetiu, dessa vez com raiva.

Queria dizer ao meu lado no hospital.

Ele morreu três semanas depois. Durante uma provação de doze horas, que começou pouco antes da meia-noite de 24 de outubro de 1989 e terminou logo após o meio-dia, ele lutou por cada sorvo de ar com uma erupção impressionante, uma derradeira exibição da tenacidade férrea que havia demonstrado ao longo da vida. Algo digno de ser visto.

Cedinho na manhã de sua morte, quando cheguei ao quarto de primeiros socorros para o qual ele fora levado de casa às pressas, me defrontei com um médico de plantão preparado para tomar "medidas extraordinárias" e ligá-lo a uma máquina de respiração artificial. Sem isso não haveria a menor esperança, embora, desnecessário dizer — acrescentou o médico —, a máquina não pudesse reverter o progresso do tumor, que aparentemente começara a atacar sua função respiratória. O médico também me informou que, por lei, uma vez acoplado à máquina papai não seria desconectado a menos que voltasse a respirar por conta própria. A decisão precisava ser tomada de imediato e, uma vez que meu irmão ainda estava vindo de Chicago de avião, ela só cabia a mim.

E eu, que havia explicado a papai as cláusulas daquele testamento de saúde e o levara a assiná-lo, não sabia o que fazer. Como dizer não à máquina, se isso significava que ele não precisaria continuar a sustentar aquela batalha estertorante para respirar? Como eu poderia assumir a decisão de que papai diria adeus à vida, a esta vida que só nos é dado conhecer uma única vez? Longe de invocar a declaração que ele assinara, eu estava prestes a ignorá-la e dizer: "Qualquer coisa! Qualquer coisa!".

Pedi ao médico que me deixasse a sós com meu pai, ou tão a sós quanto era possível em meio à azáfama da sala de emergência. Sentado ali e observando seu combate para continuar a viver, tentei me concentrar no que o tumor já lhe causara. Isso não era difícil, porque naquela maca ele parecia ter lutado cem assaltos com Joe Louis. Pensei nos horrores que inevitavelmente viriam pela frente, mesmo supondo que ele pudesse ser mantido vivo num pulmão de aço. Vi tudo, tudo, e mesmo assim tive de continuar sentado lá por um longo tempo antes de chegar o mais perto dele que pude e, com os lábios quase tocando seu rosto encovado e arruinado, finalmente encontrar forças para sussurrar: "Papai, vou ter que deixar você ir embora". Ele já estava inconsciente havia horas e era incapaz de me ouvir, mas, em choque, aturdido, chorando, repeti aquilo muitas e muitas vezes até eu mesmo acreditar no que dizia.

Depois disso, só me restou seguir sua maca até o quarto onde o puseram e me sentar ao lado da cama. Morrer dá trabalho, e ele era um trabalhador. Morrer é pavoroso, e papai estava morrendo. Peguei sua mão, que ao menos eu ainda sentia como sendo sua mão, afaguei sua testa, que ao menos ainda parecia ser sua testa, e lhe disse todo tipo de coisas que ele não podia mais registrar. Por sorte, de tudo que eu lhe disse nessa manhã, nada havia que ele já não soubesse.

Mais tarde, nesse mesmo dia, no fundo da gaveta da cômoda no quarto de papai, meu irmão encontrou uma caixa rasa que continha dois xales de oração cuidadosamente dobrados. Destes, ele não tinha se desfeito. Estes, ele não havia levado às escondidas para o vestiário do Centro Judaico ou dado para algum sobrinho-neto. Levei para casa o *tallis* mais velho e o enterramos envolvido no outro. Quando o agente funerário nos pediu, em casa, que lhe déssemos um terno para vestir papai, eu disse a meu irmão: "Terno? Ele não vai para o escritório. Não, nada de terno, não faz sentido". Ele devia ser enterrado numa mortalha, eu disse, pensando que assim haviam sido enterrados seus pais e que assim eram tradicionalmente enterrados todos os judeus. Mas, ao dizer isso, me perguntei se uma mortalha não seria igualmente sem sentido — ele não era ortodoxo nem seus filhos minimamente religiosos — se é que não eram, talvez, pretensiosamente literários e um tanto histericamente hipócritas. Pensei que a mortalha daria uma aparência bizarra a um ser tão urbano quanto o corretor de seguros que meu pai fora, um homem robusto com raízes profundas no cotidiano, embora também compreendesse que esse era o objetivo mesmo do ritual. Porém, como ninguém se opôs e eu não tive a audácia

169

de dizer "Enterrem-no nu", usamos o xale de nossos ancestrais para recobrir seu cadáver.

Sonhei que estava num píer com um grupo indistinto de crianças desacompanhadas que estariam ou não esperando para ser evacuadas. O píer ficava em Port Newark, mas o Port Newark de cinquenta anos atrás, aonde papai e meu tio Ed me levaram para ver os navios ancorados na baía que se abria, ao fundo, para a Estátua da Liberdade e o Atlântico. Quando pequeno, eu sempre me surpreendia ao ser lembrado de que Newark era uma cidade costeira, pois o porto ficava do outro lado das áreas pantanosas, mais além da nova pista de pouso de Newark e muito longe da vida nos bairros. Ser levado ao porto e ao cais para ver os navios e a baía à distância significava ser posto momentaneamente em contato com uma vastidão geográfica que não podíamos nem imaginar quando jogávamos bola com os amiguinhos na rua acolhedora e insular em que cada casa abrigava duas famílias.

No sonho, um navio — um navio pintado de cinza que parecia uma velha belonave americana de tamanho médio, com o casco fortemente blindado mas despojado de todas as armas e tornado inofensivo — se aproximava imperceptivelmente da costa. Eu esperava que papai estivesse no navio, que fizesse parte da tripulação, mas não se via sinal de vida a bordo nem de alguém no comando. A imagem mortalmente silenciosa, um retrato dos momentos posteriores a um desastre, era assustadora e sinistra: um enorme barco fantasmagórico, cuja equipagem fora varrida por alguma catástrofe, avançando rumo à costa apenas graças à força da maré, e nós, crianças, no píer, que podíamos estar reunidas ali para sermos ou não evacuadas. O sentimento de dor era idêntico ao que senti quando tinha doze anos e, semanas antes do triunfo do Dia da Vitória, o presidente Roosevelt morreu de hemorragia cerebral. Coberto de tecido preto, o trem que levava o caixão de F. D. R. de Washington para Hyde Park atravessou em baixa velocidade, com toda a pompa que a ocasião exigia, as multidões desalentadas que se acotovelavam de um lado e do outro da linha férrea no centro da cidade, honrando a prosaica Newark durante aqueles segundos silenciosos em seu trajeto rumo ao norte. Por fim, o sonho se tornou insuportável e eu acordei desesperançado, assustado e triste — quando então entendi que não se tratava do fato de meu pai não estar a bordo do navio, mas de que meu pai *era* o navio. E ser evacuado significava fisiologicamente aquilo mesmo: ser expelido, ser ejetado, nascer.

Fiquei acordado até o sol raiar. O sonho havia perturbado meu sono apenas algumas horas antes da manhã de final de julho em que papai deveria fazer a segunda ressonância do cérebro. O dr. Benjamin a havia solicitado depois que pedi a Harold Wasserman que o consultasse sobre o problema da deglutição. Telefonei para papai depois que ele voltou do exame e perguntei: "Como foi a coisa?". Ele respondeu: "Gente velha, gente moça, gente com cara saudável, gente com cara de doente — e todo mundo tem alguma coisa dentro deles".

Haver sonhado com a morte de papai na véspera daquela segunda tomografia não tinha nada de notável, como também não o tinha a encarnação dada no sonho a seu corpo. Deitado na cama, fiquei acordado até o dia clarear, pensando em toda a história da família comprimida naquele fragmento de filme silencioso: praticamente todos os principais temas da vida dele lá estavam representados, tudo que havia de significativo para nós dois, começando pela travessia transatlântica de seus pais na terceira classe ao imigrarem, passando por sua extenuante campanha para avançar, a batalha para superar tantas forças obstrucionistas — como menino pobre a quem foi furtada a oportunidade de estudar, como trabalhador judeu numa colossal empresa de seguros dirigida por góis — e terminando com sua transformação, pelo tumor cerebral, num destroço em decomposição.

Uma belonave defunta deslizando às cegas em direção à praia... essa não era uma representação de meu pai, no final de sua vida, que minha mente desperta, com sua resistência a metáforas lacrimosas e a analogias falsamente poetizadas, teria autorizado. De fato, foi o sono, em sua sabedoria, que me ofereceu com grande gentileza essa visão infantilmente simples mas tão prenhe de verdade, cristalizando a minha própria dor de forma tão apta na figura do pequeno órfão que seria evacuado no cais de Newark, tão estupefato e enlutado quanto a nação inteira ficara no passado com a morte de um presidente heroico.

Então, umas seis semanas depois, por volta das quatro da manhã ele apareceu envolvido numa mortalha branca com capuz para me admoestar: "Eu devia ter sido vestido com um terno. Você fez a coisa errada". Acordei gritando. Tudo que vi sob o capuz foi a indignação em seu rosto morto. E suas únicas palavras foram uma censura: eu o vestira para a eternidade com a roupa errada.

Pela manhã me dei conta de que ele aludira a este livro, que, confirmando a falta de decoro de minha profissão, eu vinha escrevendo enquanto ele estava doente e morria. O sonho me dizia que, se não nos meus livros ou na minha vida, ao menos em minhas fantasias eu viveria eternamente como seu filho pequeno, com a consciência de um filho pequeno, tal como nelas ele continuaria vivo não apenas como meu pai, mas como *o* pai, proferindo sentenças sobre tudo que eu faço.

Você nunca deve esquecer nada.

Em 1997, **PHILIP ROTH** ganhou o prêmio Pulitzer por *Pastoral americana*. Em 1998, recebeu a National Medal of Arts na Casa Branca e, em 2002, conquistou a mais alta distinção da American Academy of Arts and Letters, a Gold Medal in Fiction. Recebeu duas vezes o National Book Award e o National Book Critics Circle Award, e três vezes o prêmio PEN/Faulkner. *Complô contra a América* foi premiado pela Society of American Historians em 2005. Roth recebeu dois prestigiosos prêmios da PEN: o PEN/Nabokov (2006) e o PEN/Saul Bellow (2007). Em 2011, ganhou o Man Booker International Prize e recebeu a National Humanities Medal na Casa Branca. É o único escritor americano vivo a ter sua obra completa publicada pela prestigiosa editora Library of America.

OBRAS PUBLICADAS PELA COMPANHIA DAS LETRAS

Adeus, Columbus
O animal agonizante
O avesso da vida
Casei com um comunista
O complexo de Portnoy
Complô contra a América
Entre nós
Fantasma sai de cena
Homem comum
A humilhação

Indignação
A marca humana
Nêmesis
Operação Shylock
Pastoral americana
Patrimônio
O professor do desejo
O teatro de Sabbath
Zuckerman acorrentado

1ª edição Companhia das Letras [2012] 2 reimpressões
1ª edição Companhia de Bolso [2017]

Esta obra foi composta pela Verba Editorial
em Janson Text e impressa pela Prol Editora Gráfica em ofsete
sobre papel Pólen Soft da Suzano Papel e Celulose

A marca FSC® é a garantia de que a madeira utilizada na fabricação do papel deste livro provém de florestas que foram gerenciadas de maneira ambientalmente correta, socialmente justa e economicamente viável, além de outras fontes de origem controlada.